कबीर बानी

अली सरदार जाफ़री

जन्म : 29 नवम्बर। **जन्मस्थान :** बलरामपुर, ज़िला गोंडा, उत्तर प्रदेश।

शिक्षा : पहले घर पर रहकर उर्दू-फ़ारसी और क़ुरआन मजीद की तालीम ली। धार्मिक शिक्षा सुल्तानुल मदरसा, लखनऊ में। फिर बलरामपुर लौटकर अंग्रेज़ी माध्यम से शिक्षा। अलीगढ़ मुस्लिम विश्वविद्यालय में दाख़िला। हड़ताल में हिस्सेदारी के चलते विश्वविद्यालय से निष्कासन। बाद में एंग्लो-अरेबिक कॉलेज, दिल्ली से स्नातक की उपाधि। लखनऊ विश्वविद्यालय से अंग्रेज़ी साहित्य में एम.ए. की अधूरी पढ़ाई।

आठ वृत्तचित्रों, धारावाहिकों का लेखन/निर्देशन। बाईस देशों की यात्राएँ।

रवीन्द्रनाथ ठाकुर, महात्मा गांधी, जवाहरलाल नेहरू, मौलाना आज़ाद, सत्यजित राय, पाब्लो नेरुदा, शोलोखोव, पास्तरनाक, लुई अरागाँ, ख़ुश्चेव और पॉल राब्सन जैसी हस्तियों से मुलाक़ात-सोहबत।

भारतीय ज्ञानपीठ पुरस्कार समेत 21 पुरस्कारों से सम्मानित।

प्रकाशित रचनाएँ : *परवाज़, ख़ून की कहानी, अम्न का सितारा, एशिया जाग उठा, पत्थर की दीवार, लहू पुकारता है* (कविता); *नई दुनिया को सलाम, यह ख़ून किसका है, पैकार* (नाटक); *मंज़िल* (कहानी); *तरक़्क़ीपसंद अदब, इक़बालशनासी, पैग़म्बराने-सुख़न, ग़ालिब का सूफ़ियाना ख़याल* (आलोचना)।

निधन : 1 अगस्त 2000

कबीर बानी

[एक सौ अट्ठाईस पदों का संकलन]

अली सरदार जाफ़री

राजकमल पेपरबैक्स

पहला पुस्तकालय संस्करण
हिन्दुस्तानी अकादमी, बम्बई द्वारा
1965 में प्रकाशित

राजकमल पेपरबैक्स में
इस रूप में पहली बार : 2010
छठा संस्करण : 2026

राजकमल पेपरबैक्स : उत्कृष्ट साहित्य के जनसुलभ संस्करण

राजकमल प्रकाशन प्रा.लि.
1-बी, नेताजी सुभाष मार्ग, दरियागंज
नई दिल्ली-110 002
द्वारा प्रकाशित

शाखाएँ : अशोक राजपथ, साइंस कॉलेज के सामने, पटना-800 006
पहली मंजिल, दरबारी बिल्डिंग, महात्मा गांधी मार्ग, प्रयागराज-211 001

वेबसाइट : www.rajkamalprakashan.com
ई-मेल : info@rajkamalprakashan.com

बी.के. ऑफसेट
नवीन शाहदरा, दिल्ली-110 032
द्वारा मुद्रित

मूल्य : ₹ 199

KABIR BANI
Translated and Edited by Ali Sardar Zafari

ISBN : 978-81-267-1926-6

भूमिका

महान कविता की यह अनोखी विशेषता है कि बहुधा वह अपने रचयिता से असंबद्ध हो जाती है। फिर उसके अस्तित्व से कवि का अस्तित्व पहचाना जाता है क्योंकि उसके जीवन के हालात बीते हुए समय के धुँधलके में खो जाते हैं और घटनाएँ कहानियों का रूप धारण कर लेती हैं।

पुरानी इतिहास लिखने की कला चूँकि बादशाहों, पुरोहितों और सूरमाओं के गिर्द घूमती थी और उन्हीं की गाथाओं को अपनी पूँजी समझती थी इसलिए उसने हमेशा विद्रोहियों, कवियों और कलाकारों की उपेक्षा की और सिर्फ़ दंड और पुरस्कार के क़िस्से बाक़ी रह गए (किसका मुँह मोतियों से भरा गया और किसकी गुस्ताख़ ज़बान गुद्दी से खींच ली गई)। लेकिन समय का प्रतिशोध बड़ा क्रूर होता है। बादशाहों के कारनामे इतिहास की किताबों में बंद हैं और कवियों के कारनामे दिलों के अंदर पीड़ा और उल्लास की लहरें बनकर उतर गए हैं। लक्ष्मी और सरस्वती की प्रतिद्वंद्विता में जीत सरस्वती की हुई और गुण लक्ष्मी के गाये गए।

यह बात शायद पुराने इतिहासकारों को नहीं मालूम थी कि इतिहास केवल घटनाओं का वर्णन नहीं बल्कि सामाजिक और आर्थिक संबंधों के परिवर्तन की कहानी भी है और विचार और चेतना की प्रगति भी। इस वातावरण में आते-जाते पात्र परछाइयों की तरह घूमते रहते हैं और अगर परछाइयों का नाम लोग भूल भी जाएँ तो कोई फ़र्क़ नहीं पड़ता। विचार और चेतना की प्रगति जारी रहती है। यही कारण है कि परिस्थितियों और घटनाओं का कबीर, सन् और तारीख़ का कबीर ज़िंदा नहीं है लेकिन विचार और चेतना का कबीर, भावनाओं और अनुभूतियों का कबीर, कविता और गीत का कबीर ज़िंदा है। हर दोहा उसका अस्तित्व है, हर पद उसका व्यक्तित्व, हर विचार उसकी ज़बान। और जब हम उसके बोले हुए शब्दों को दोहराते हैं तो कबीर का साज़ बजने लगता है। शाही फ़रमान और डंकों की आवाज़ें गूँगी हो जाती हैं और कबीर के दिल से निकलने वाले अनाहत नाद से आत्मा मस्त हो जाती है। पंडित का मंत्र और मुल्ला की अज़ान आसमानों के सन्नाटे में गुम हो जाती है और कबीर की प्रेम-वाणी धरती के सीने में धड़कती रहती है।

महत्त्व इस बात का नहीं है कि कबीरदास जुलाहे के बेटे थे या किसी ब्राह्मणी के पेट से पैदा हुए थे और जुलाहे के घर में उनका लालन-पालन हुआ था,[1] महत्त्व इस बात का है कि रामानुज (बारहवीं शताब्दी) की विचारधारा और रामानंद (चौदहवीं और पंद्रहवीं शताब्दी) के विचारों से जो उसी क्रम की एक कड़ी थे, कबीर के विचारों का क्या संबंध है। भक्ति के अंतर्ज्ञान का तसव्वुफ़ के 'विज्दान' से क्या संबंध है। ईरान के सूफ़ी शाइरों अत्तार, रूमी और हाफ़िज़ के विचारों ने हिंदुस्तान की विचारधारा को किस हद तक प्रभावित किया है। उनके मूल्यों में कितनी समानता है और इन प्रवाहों की बहती हुई गंगा-जमुना का कबीर की कविता में कितना सुंदर संगम होता है। केवल इसी तरह भेदभाव और घृणा की वे दीवारें गिराई जा सकती हैं जिन्हें कबीर ने ढा दिया था लेकिन उनके बाद की पीढ़ियों ने फिर ऊँचा उठा दिया। इस पर लड़ने-मरने वाले कि कबीर लुंगी पहनते थे या धोती बाँधते थे, यह भूल जाते हैं कि वास्तविकता वस्त्रों में नहीं नग्नता में है। जिसने अर्थ के शरीर से शब्दों के परदे हटा दिए हों और राम और रहीम को एक कर दिखाया हो उसको सूत और कपास के वस्त्र पहनाने की कोशिश और उस वस्त्र की भिन्नता पर मतभेद और घृणा फैलाना कितना हास्यास्पद मालूम होता है।

कबीरदास के जन्म और मृत्यु की तिथियों के बारे में विश्वास के साथ कुछ नहीं कहा जा सकता। बस इतनी बात निश्चित है कि पंद्रहवीं शताब्दी कबीर की शताब्दी है। उनकी आयु का अनुमान एक सौ बीस साल का लगाया जाता है। उनके एक चेले धर्मदास का एक दोहा बताया जाता है जिसके अनुसार कबीर की जन्मतिथि संवत् 1455 के अंत में जेठ की पूर्णिमा को सोमवार के दिन निकलती है। इस आधार पर 1398 ई. उनके जन्म का वर्ष माना गया है। (कुछ लोग उनका जन्म 1440 ई. में मानते हैं। देखिए एलविन अंडरहिल की भूमिका, कबीर के पदों का टैगोरकृत अंग्रेज़ी अनुवाद।) उनकी मृत्यु का वर्ष 1518 ई. भी कबीरपंथियों के एक प्रसिद्ध दोहे के आधार पर मान लिया गया है।

---

1. कहा जाता है कि स्वामी रामानंद का भक्त एक ब्राह्मण उनसे मिलने आया तो उसके साथ उसकी विधवा बेटी भी थी। लड़की के प्रणाम के उत्तर में रामानंद ने उसे बेटा पैदा होने का आशीर्वाद दिया। यह सुनकर ब्राह्मण घबराया लेकिन रामानंदजी ने कहा कि मेरा वचन ख़ाली नहीं जा सकता। इसलिए उस विधवा ब्राह्मणी के पेट से कबीर पैदा हुए। माँ ने बदनामी के डर से बच्चे को एक तालाब के किनारे फेंक दिया। संयोग से काशी का एक मुसलमान जुलाहा अपनी बीवी नईमा के साथ उधर से गुज़रा। वे दोनों उस बच्चे को उठा लाए और उसका पालन-पोषण अपने बेटे की तरह किया। जब क़ाज़ी से नाम रखने को कहा तो कबीर नाम निकला। इस घटना के सच होने के बारे में कोई ऐतिहासिक प्रमाण नहीं दिया जा सकता लेकिन मेरा विचार है कि कबीर की मृत्यु से संबंधित वृत्तांत की तरह (जिसका उल्लेख आगे आएगा) यह क़िस्सा भी उनकी हिंदू-मुस्लिम एकता की शिक्षा पर ज़ोर देता है।

कबीरदास का अपना बयान है कि वह बनारस में पैदा हुए और मगहर (ज़िला गोरखपुर) में उनकी मृत्यु हुई। "सकल जनम शिवपुरी गँवाया, मरती बेर मगहर उठ धाया।" इसमें महत्त्व की बात यह है कि मरते समय भी कबीर ने अपना क्रांतिकारी स्वभाव नहीं छोड़ा। जिस तरह वह मनुष्यों के बीच ऊँच-नीच को नहीं मानते थे, उसी तरह वह शहरों की ऊँच-नीच को भी पसंद नहीं करते थे। आम हिंदुओं का विश्वास है कि काशी में मरने वाले को मुक्ति मिल जाती है और इसके विपरीत मगहर में मरने वाला दोबारा गधे का जन्म लेता है। लेकिन कबीर, जिनको अपनी भक्ति पर पूरा विश्वास था, इस बात को कब मान सकते थे। इसलिए जब वे अपने जीवन की उस अवस्था में पहुँचे जब मृत्यु निकट मालूम हुई तो वह अपनी जन्मभूमि बनारस छोड़कर मगहर चले गए। देश के कोने-कोने से लोग मृत्यु की खोज में बनारस आते हैं और कबीर बनारस से यह कहते हुए चल दिए—

क्या काशी क्या ऊसर मगहर, राम हृदय बस मोरा
जो कासी तन तजै कबीरा, रामे कौन निहोरा

[अर्थात् काशी हो या उजाड़ मगहर, मेरे लिए दोनों बराबर हैं क्योंकि मेरे हृदय में राम (भगवान) बसा हुआ है। अगर कबीर की आत्मा काशी में इस तन को तजकर मुक्ति प्राप्त कर ले तो इसमें राम का कौन-सा एहसान है।]

इसलिए कबीर जो जन्म-भर काशी-निवासी रहे थे और बादशाहों की ताक़त और संकीर्ण विचारों वाले लोगों की नफ़रत भी उनको वहाँ से बाहर न निकाल सकी, मरने के बाद अपनी इच्छा से मगहरवासी हो गए।

उनकी मृत्यु के बारे में उनके प्रशंसकों ने जो कहानी बनाई है वह कबीर के लिए जनसाधारण की सबसे बड़ी श्रद्धांजलि है। उनकी शिक्षा का सार वह शुद्ध मानव-प्रेम है जो धर्म के भेदभाव और जात-पात के झगड़ों से मुक्त है। कहा जाता है कि उनके मरने के बाद उनके शव पर हिंदुओं और मुसलमानों ने तलवारें खींच लीं। हिंदू उनका शव जलाना चाहते थे और मुसलमान दफ़न करना चाहते थे। लेकिन इस झगड़े का फ़ैसला इस तरह हुआ कि कबीर का मृत शरीर फूलों का एक ढेर बन गया जिसे दोनों पक्षों ने बराबर-बराबर बाँट लिया। इस तरह हिंदुओं का संस्कार भी पूरा हो गया और मुसलमानों की रस्म भी और आपस का मतभेद मिट गया। अब मगहर में इमली के एक पेड़ के नीचे कबीर की समाधि है, बनारस में मठ है जो कबीर चौरा के नाम से मशहूर है।

अपनी ज़ात के बारे में कबीर ने ज़्यादातर जुलाहे के शब्द का प्रयोग किया है और कभी-कभी कोरी और कमीना भी कहा है। उत्तरी भारत में अब भी

हिंदू बुनकर कोरी कहलाते हैं और नीच समझे जाने की वजह से उन्हें कमीन या कमीने की संज्ञा दी जाती है। (मुस्लिम जुलाहों ने अपने लिए मोमिन का शब्द चुन लिया है जिसका कबीर के युग में पता नहीं चलता।) इससे ऐसा लगता है कि कबीर के जीवनकाल के आसपास ही कोरियों के एक बहुत बड़े वर्ग ने इस्लाम धर्म अंगीकार किया था।

कोरियों और जुलाहों की बस्तियाँ पंजाब से बंगाल तक के इलाक़े में फैली हुई हैं। पूरे-पूरे क़स्बे उनसे आबाद हैं। उत्तरी भारत में बिहार और बंगाल तक तुर्कों का शासन बारहवीं शताब्दी के अंत में पृथ्वीराज की हार (सन् 1192 ई.) के साथ पहुँचा। 1199 ई. में कुतुबुद्दीन ऐबक ने बनारस पर विजय प्राप्त की और उसके फ़ौरन ही बाद मुहम्मद बख़्तियार ने बिहार को अपने अधीन किया और नालंदा के विश्वविख्यात विश्वविद्यालय को तहस-नहस कर दिया, बौद्ध भिक्षुओं को क़त्ल कर दिया और किताबों को आग लगा दी। इस तरह बौद्ध धर्म, जिसका ह्रास बहुत पहले से आरंभ हो गया था और आठवीं शताब्दी तक यह ह्रास पूरा हो चुका था, बारहवीं शताब्दी के अंत में लगभग बिलकुल मिट गया।[1] और नालंदा के बचे-खुचे भिक्षु नेपाल और तिब्बत की ओर भाग गए। (बौद्ध धर्म वहाँ पहले पहुँच चुका था।) बौद्ध धर्म के इस शोचनीय पराभव के बाद भारत के नीची ज़ात के अछूतों के लिए इस्लाम की ही शरण रह गई थी। इसलिए इस युग में पूर्वी बंगाल के गाँव-के-गाँव अपना बौद्ध धर्म छोड़कर मुसलमान हो गए। लेकिन तुर्क शासकों ने, जो मुसलमान से बढ़कर विजेता और शासक थे और अपने वर्ग-हितों को धर्म की तुलना में प्रधानता देते थे, इस्लाम पर ईमान ले आने वाले शासितों को बराबरी का दर्जा नहीं दिया।[2]

---

1. आठवीं शताब्दी तक शंकराचार्य की शताब्दी है। इस पर मतभेद है कि बौद्ध धर्म के ह्रास में और कारणों के अतिरिक्त शंकराचार्य का भी कुछ हाथ है या नहीं।
2. वह जिसे इस्लामी लोकतंत्र कहते हैं उस पर आरंभ में अरब के क़बायली लोकतंत्र का प्रभाव था। इस्लाम के पैग़ंबर के देहांत के तीस साल के अंदर अरब समाज ने जब क़बायली अवस्था से निकलकर सामंती युग में प्रवेश किया और जागीरदारी राजतंत्र उमवी और अब्बासी ख़लीफ़ाओं की सल्तनत की शक्ल में ज़ाहिर हुई तो धार्मिक लोकतंत्र, जो ख़ुदा के सामने महमूद और अयाज़ को एक ही पाँत में खड़ा कर देता है, आर्थिक लोकतंत्र का पर्याय बनने की क्षमता खो चुका था। यों तो शासक और शासित दोनों ही मुसलमान थे लेकिन इस्लाम के नाम पर एक वर्ग-व्यवस्था शासन कर रही थी। जब शासक शासितों को उनके लोकतांत्रिक अधिकार नहीं देते थे तो शासित नए संप्रदायों के रूप में संगठित होते थे और ये संप्रदाय धार्मिक रूप में प्रकट होते थे। इस्लाम की प्रारंभिक शताब्दियों में यह प्रक्रिया बहुत बड़े पैमाने पर पहले ईरान और फिर पूरे मध्य-पूर्व में दिखाई देती है और सूफ़ी आंदोलन को समझने में मदद देती है। भारत में जो मुसलमान विजेता आए वे भी अपने साथ इस्लामी लोकतंत्र की कल्पना लेकर नहीं आए थे। उनके पास एक जागीरदारी राजतंत्र का विचार था जिसमें शासक और शासित का अंतर प्रत्यक्ष था, परिवार, बुज़ुर्गी और शराफ़त पर ज़ोर था। हाँ, वे भावनात्मक उद्देश्यों के लिए ज़रूर इस्लाम का नाम इस्तेमाल करते थे।

वे अब भी कोरी से जुलाहे हो जाने के बाद कमीने ही समझे जाते थे। इसलिए उनके आख़िरी आश्रय भक्ति और तसव्वुफ़ की प्रेमनगरियाँ बन गईं और इन दोनों ईश्वर-परायण और मानव-प्रेमी आंदोलनों का बहुत ही सुंदर समन्वय कबीरदास और उनकी कविता के रूप में प्रकट हुआ।

निर्धनता तो उनका जन्मसिद्ध अधिकार और अपने बाप-दादा से मिला हुआ उत्तराधिकार था, मगर भक्तों और सूफ़ियों ने उसे माया-त्याग का दार्शनिक रूप देकर क्रांतिकारी बना दिया। बाह्य धर्म शासकों के पक्ष में था जो सारी संपदा के स्वामी थे, (वे कभी उत्तर-पूर्वी सीमा के पहाड़ों को पार करके आते थे और कभी स्थानीय क़िलों से अपनी फ़ौजें लेकर निकलते थे) और मार्मिक धर्म अर्थात् सूफ़ी मत और भक्ति ने जनता का साथ दिया जो निर्धन और श्रमजीवी थी। (यह बात दिलचस्पी से ख़ाली नहीं है कि ज़्यादातर सूफ़ी, संत और भक्त अनुयायी दस्तकारों के वर्ग से संबंध रखते थे। धर्म के बाह्य रूप के मुल्ला, क़ाज़ी, पंडित, पुरोहित आदि बहुत महँगे थे जो धार्मिक कर्मकांड के जानने वाले थे और शासकों की सत्ता पर खुदा और भगवान की स्वीकृति की मुहर लगाते रहते थे। (ऊँच-नीच ईश्वर की देन है। राजा पृथ्वी पर ईश्वर का रूप है।) लेकिन धर्म के आंतरिक रूप के नेता या गुरु फ़क़ीर और भिक्षु थे। उनके शरीर पर गेरुआ वस्त्र होता था या शायद वह भी नहीं होता था। हाथ में भीख के प्याले, दिल में पीड़ा की ज्योति और होंठों पर प्रेम के शब्द। वे विद्वान नहीं थे, मर्मज्ञ थे। बुद्धिवाले नहीं थे, प्रेमवाले थे। उनके पास न मंदिर थे, न मस्जिदें, न बड़ी-बड़ी जायदादें। उनके पास 'किताब' भी नहीं थीं, सिर्फ़ दिल था। वे हर मनुष्य को यही उपदेश देते रहते थे कि ईश्वर प्रेम है और प्रेम ईश्वर है। मनुष्य का प्रेम ईश्वर का प्रेम है। और यह शिक्षा और उपदेश वे मुफ़्त देते थे।

वर्ग-द्वेष के बिना शासक शासन नहीं कर सकते थे, लेकिन भक्तों और सूफ़ियों ने इस वर्ग-द्वेष के मुक़ाबले पर इनसानी बिरादरी, और मुहब्बत का लक्ष्य सामने रखा। शासकों के लिए सांसारिक समृद्धि ही सामाजिक प्रतिष्ठा की कसौटी थी। भक्तों और सूफ़ियों के लिए मनुष्य के उच्च स्थान का मापदंड भक्ति, प्रेम और इश्क़े-हक़ीक़ी (पारलौकिक प्रेम), इश्क़े-मजाज़ी (लौकिक प्रेम) था। धन-दौलत का मोह और संपत्ति के बंधन इस प्रेम में कमी कर सकते थे इसलिए इन महापुरुषों ने माया-त्याग को अपनी शिक्षा का आधारभूत तत्त्व बनाया। इसलिए मौलाना जलालुद्दीन रूमी ने दौलत की उपमा उस कुलाह से दी है जो गंजे के सिर को छुपाती है; ख़ूबसूरत जुल्फ़ोंवाले नंगे सिर ही अच्छे लगते हैं। बाज़ार में बिकने वाले ग़ुलामों के शारीरिक सौंदर्य को प्रत्यक्ष देखने के लिए उनको नंगा कर दिया जाता है। उनको ख़रीदने-बेचने वाले

अमीर अपने बीमार जिस्मों को अतलस और रेशम की क़बाओं में छुपाए रखते हैं।

कबीर ने अपनी इस वर्ग-स्थिति को कभी नहीं भुलाया। इसलिए एक पद (पद 109) में जब माया सोलह सिंगार करके और अपनी मस्त आँखों की लाल तलवार लेकर कवि के सामने आती है और उसे अपना भर्तार (पति) कहकर संबोधित करती है तो कवि बड़े व्यंग से कहता है कि "हमारी ज़ात जुलाहे की है और नाम कबीर है। हमें तो कभी किसी ने पूछा नहीं। तुम वहाँ जाओ जहाँ तख़्त बिछे हुए हैं, बाग़ सजे हुए हैं, अनाज के बोरे भरे हुए हैं, रेशम की भरमार है, अगर और चंदन घिसा जा रहा है। हमारे पास आकर क्या करोगी। हम तो कमीनों की ज़ात से संबंध रखते हैं।"[1] एक और पद (पद 110) में उन्होंने माया को, जो सत्ताधारी वर्गों की लोलुपता का प्रतीक है, महा ठगनी कहा है जिसके होंठों पर मीठे बोल हैं और हाथ में फाँसी का फंदा। एक और पद में माया शिकारी के रूप में प्रकट होती है जो बड़ी निर्ममता के साथ मनुष्य का शिकार खेल रही है। इसके वार से कोई नहीं बच सकता। "ऊधो, माया तजी न जाए" (पद 5) के साथ मिलाकर इस पद को पढ़ने से कबीर का वास्तविक अभिप्राय स्पष्ट होता है।

कबीर के यहाँ माया की कल्पना को समझने के लिए ज़रूरी है कि शंकराचार्य (8वीं शताब्दी) के अद्वैतवाद और उनके टीकाकार रामानुज (1175 ई. से 1250 ई. तक) के विशिष्टाद्वैतवाद के एक-एक आधारभूत सूत्र के सूक्ष्म अंतर को ध्यान में रख लिया जाए।

दोनों उपनिषद् की इस शिक्षा को मानते हैं कि सबकुछ ब्रह्म है (सर्वं खल्विदं ब्रह्म) और आत्मा और ब्रह्म एक हैं (अयं आत्मा ब्रह्म)। लेकिन इस सूत्र की व्याख्या करते समय दोनों अलग-अलग दिशाएँ अपनाते हैं। एक के यहाँ नीरस दार्शनिक विचारों की चमकदार तलवार महान व्यापक चिंतन की तेज़ी का पता देती है और दूसरे के यहाँ दिल की धड़कन अनादि और अनंत सत्य में मानव आत्मा की उष्णता पैदा कर देती है।

शंकराचार्य का कहना यह है कि चूँकि ब्रह्म ही सत्य है इसलिए माया (भौतिक जगत) का अपना कोई अस्तित्व नहीं है। वह केवल मिथ्या है, इसको उन्होंने

---

1. "जात जुलाहा, नाम कबीरा अजहूँ पतीजौ नाहीं
तहाँ जाहु जहाँ पाट-पटम्बर, अगर चंदन घिस लीनाँ
आय हमारे कहा करौगी, हम तो जात कमीनाँ"

इन पंक्तियों में 'पाट-पटम्बर' का शब्द सबसे महत्त्वपूर्ण है और इसके वह तमाम अर्थ हैं जो ऊपर दिये हैं।

—A Dictionary of Urdu, Classical Hindi and English by PLATTS.

अद्वैत कहा है (अर्थात् एक होने का वह भाव जिसमें दो के भाव के लिए कोई स्थान नहीं है)। लेकिन रामानुज का कहना यह है कि ब्रह्म, आत्मा और माया (संसार) अलग-अलग पहचाने जाते हैं लेकिन वास्तव में अलग-अलग नहीं हैं क्योंकि आत्मा और माया दोनों ब्रह्म के विशेषण हैं। अर्थात् शंकराचार्य इन गुणों को स्वीकार नहीं करते और रामानुज सगुण को ही मानते हैं। इस दशा में ब्रह्म का एकत्व बाक़ी रहता है लेकिन साथ ही साथ आत्मा (जीव) की वास्तविकता और यथार्थता भी बाक़ी रहती है। इसको विशिष्टाद्वैत कहा गया है।

शंकराचार्य के यहाँ एकत्व में अनेकत्व के सवाल को व्याख्याओं की आवश्यकता पड़ती है और रामानुज के यहाँ वह कविता और गीत के द्वार खोल देता है और निर्गुण के आगे सगुण नाचने लगता है, गुण निर्गुण के द्योतक बन जाते हैं और अनलहक़ का साज़ बजने लगता है (बाजै सोहं तूरा)। शंकराचार्य के यहाँ ईश्वर अवैयक्तिक है और रामानुज के यहाँ वैयक्तिक। इसलिए एक की भक्ति नीरस और शुष्क है और दूसरे की रसमय और रंगीन। कहाँ शून्य की निस्तब्धता है और यहाँ माया की हलचल जो संत और भक्त कवियों के यहाँ व्याकुलता, व्यग्रता और मादकता का संगीत बन जाती है और उन्हें जलालुद्दीन रूमी और हाफ़िज़ शीराज़ी के निकट ले आती है। शंकराचार्य के यहाँ ग़ैर-हिंदू विचारों का मिश्रण कठिन है और रामानुज की विचारधारा में बहुत-सी धाराएँ मिल सकती हैं। इसलिए कबीर के यहाँ यह मिश्रण स्पष्ट दिखाई देता है (लेकिन कबीर को सौ फ़ीसदी रामानुज का चेला समझना सही नहीं है।)

जीव और माया को ब्रह्म से अलग पहचानने के बाद जीव को तुच्छ और माया को व्यर्थ अथवा भ्रष्टाचारिणी नहीं माना जा सकता। इस प्रकार जीव के महत्त्व को स्वीकार करना व्यक्ति की महानता को स्वीकार करना है और वह व्यक्ति शूद्र भी हो सकता है और ब्राह्मण भी और मुसलमान भी। व्यक्ति का यह महत्त्व सामंती समाज के संबंधों पर अपना प्रभाव डालता है (जिसमें श्रेष्ठता का मापदंड धन और शक्ति को माना जाता था।) और एक नए मानव-प्रेम के संबंध स्थापित करता है। अब माया को तज देने का सवाल पैदा नहीं होता बल्कि उस पर विजय प्राप्त की जाती है, उसे बरता जाता है और कबीर के शब्दों में वह हरि-भक्तों की चेरी (दासी) बन जाती है (पद 105)।

कबीर के यहाँ माया-त्याग है लेकिन उसका अर्थ यह नहीं है कि मनुष्य केवल अपने-आप में खोकर रह जाए और अपनी मुक्ति के लिए समाधि लगा ले। वह स्वयं विवाहित थे और उनके संतान भी थी। करघे पर ख़ुद कपड़ा बुनते थे और फेरी लगाकर उसे बेचते थे और उसकी आमदनी से अपना और अपने बाल-बच्चों का पेट पालते थे। उनका भौतिक और शारीरिक श्रम

उनके आत्मा-संबंधी गीतों की रचना में बाधक नहीं होता था बल्कि शायद उसमें योग देता था। उनका आग्रह था कि भगवान इसी संसार में मिलता है। मुक्ति का मार्ग यहीं से होकर गुज़रता है (पद 40) और माया, जो महा ठगनी है और क्रूर शिकारी है, भक्तों की दासी बन सकती है (पद 105)। माया तजी नहीं जाती, तजी जा नहीं सकती (पद 5)। क्योंकि वह किसी-न-किसी रूप में बाक़ी रहती है। असल में माया पर विजय प्राप्त की जाती है। जिस तरह पूजा-पाठ, नमाज़-रोज़ा, कर्मकांड से केवल अहंकार बढ़ता है लेकिन भगवान नहीं मिलता, वैसे ही कपड़े उतार देने से या अपनी पाँचों इंद्रियों का दमन कर देने से भगवान नहीं मिलता। और न वह पहाड़ों पर जा बैठने और जंगलों में खो जाने से मिलता है। (माया वहाँ भी पीछा नहीं छोड़ती।) हरि (भगवान) उस पर रीझते हैं जिसके हृदय में दया है, जो सदाचारी है, जो संसार में रहकर संसार से उदासीन रहता है और हर प्राणी को अपनी तरह जानता है, उसको वह अविनाशी मिलता है (पद 65)। साईं से इस तरह की लगन लगाना बहुत कठिन है। इसके लिए स्वभाव में विनम्रता और संतोष आवश्यक है और रहन-सहन में पूरा उतरना चाहिए (पद 70) और सारी बात को कबीर ने अंत में यह कहकर समाप्त कर दिया है कि देखो पांडे, बेकार के वाद-विवाद से कोई फ़ायदा नहीं है। सौ बातों की एक बात यह है कि इस शरीर के बिना शब्द, कलमा, नाम, अनाहत नाद कुछ भी संभव नहीं है। मनुष्य और सृष्टि सब मिट्टी है और गोविंद की शक्ति (माया) उसको बनाती-बिगाड़ती रहती है। हमारा शरीर एक मिट्टी का मंदिर है जिसमें हमने ज्ञान-ध्यान का दीपक जला रखा है और साँस का उजाला है जिससे सारा जग दिखाई देता है (पद 113)।

इस मिट्टी की दुनिया का, जिसके दायित्वों और कर्त्तव्यों से उऋण होना मुक्ति के लिए ज़रूरी है, कबीर के यहाँ पूरा आभास मिलता है और शायद कोई दूसरा भक्त कवि इस चेतना और अनुभूति में कबीर के क़रीब नहीं पहुँचता।

इस्लाम में इनसान की ज़िम्मेदारियों को दो हिस्सों में बाँटा गया है। एक खुदा का हक़, दूसरा बंदों का हक़। इबादत (उपासना) खुदा का हक़ है और सामाजिक ज़िम्मेदारियाँ बंदों का हक़। खुदा के गुनहगार को, जिसने हक़्क़े-इबादत अदा नहीं किया, खुदा माफ़ कर सकता है। लेकिन बंदों के गुनहगार को जिसने अपने सगे-संबंधियों, पड़ोसियों, देशवासियों या इस संसार में रहने वाले दूसरे इनसानों का हक़ अदा नहीं किया, उसको खुदा माफ़ नहीं करता। सिर्फ़ बंदे ही उसे माफ़ कर सकते हैं, उसके बाद रहमत के दरवाज़े खुलेंगे। इसलिए कबीर ने दोनों हक़्क़ों का ज़िक्र किया है—

सरगुन की सेवा करो, निरगुन का करो ज्ञान
निरगुन सरगुन के परे, तहीं हमारा ध्यान

कबीर पंथियों ने कबीर के जन्म का वर्णन इन सुंदर और अलंकारमय शब्दों में किया है—

घन गरजै, दामिनि दमकै, बूँदें बरसैं, झर लाग गए
हर तलाब में कमल खिले, तहाँ भानु परगट भये

[अर्थात् बादल गरज रहे थे, बिजली चमक रही थी, बूँदें पड़ रही थीं, और मेंह की झड़ी लगी हुई थी। इस तूफ़ान में जब कबीर सूरज की तरह प्रकट हुए तो हर तालाब में कमल के फूल खिले हुए थे।]

संभव है कि इस दोहे के शब्द वस्तु-स्थिति का चित्रण करते हों, लेकिन अगर उन्हें आलंकारिक भाषा माना जाए तो ऐसा लगता है जैसे युद्धों की घन गरज में, हिंसा और विध्वंस की बिजलियों में जहाँ रक्त की वर्षा हो रही थी, कबीर के जन्म से अचानक सारा वातावरण शांतिमय हो गया और आकाश पर सूर्य निकल आया और तालाबों में कमल के फूल खिल गए। मध्ययुग के युद्धग्रस्त भारत में कबीर का यह व्यक्तित्व अतिरंजित नहीं मालूम होता।

कबीरदास एक मुसलमान सूफ़ी थे जो हिंदू भक्ति की भाषा में बात कर रहे थे।[1] चूँकि उन्होंने अपने-आप को बार-बार जुलाहा कहा है इसलिए यह यक़ीन के साथ कहा जा सकता है कि उन्होंने इस्लाम का परित्याग नहीं किया था लेकिन उनकी धज हिंदुओं की-सी थी। माथे पर तिलक लगाते थे, और शरीर पर जनेऊ पहनते थे और साहस तो इतना था कि ब्राह्मणों पर व्यंग करते थे—"तू बाम्हन मैं कासी का जुलहा, बूझौ मोर गियाना"[2]। भारत के पूरे इतिहास में एकता के इतने सुंदर और भावपूर्ण प्रदर्शन का कोई दूसरा उदाहरण नहीं है। उस युग में जब तुर्क शासकों की तलवार भारत के सिर

---

1. काफ़िरे-इश्क़म मुसल्मानी मरा दरकार नीस्त
हर रगे-जाँ तार गुश्ता हाजते-ज़ुन्नार नीस्त—खुसरो
[भावार्थ : मैं वह काफ़िर हूँ जिसने इश्क़ को ख़ुदा माना है। अब मुझे इस्लाम की ज़रूरत नहीं। मेरी एक-एक नस तार बन गई है, फिर मैं जनेऊ पहनकर क्या करूँगा।]

2. दिलचस्प बात है कि कबीर का ख़ानदान हिंदू से मुसलमान हुआ था और इक़बाल का ख़ानदान भी। कबीर ने अपने-आप को मुसलमान कहकर ब्राह्मण पर व्यंग किया और इक़बाल ने अपने-आप को ब्राह्मण कहकर मुसलमानों के सामने गर्व से काम लिया— "बरहमनज़ादा रम्ज़-आशना-ए-रूम-ओ-तब्रेज़ अस्त"। कबीर ने अपनी कविता में हिंदू उपमाओं और अलंकारों का प्रयोग किया और इक़बाल ने इस्लामी परंपराओं से अपनी उपमाएँ और अलंकार लिए हालाँकि उनके 'ख़ुदी' के फ़लसफ़े पर उपनिषद् और वेदांत का अच्छा-ख़ासा प्रभाव है जिस पर अभी तक कोई शोध-कार्य नहीं किया गया है।

पर चमक रही थी, इस मुसलमान जुलाहे के हर्फ़े-मुहब्बत (प्रेम-वाणी) में कितना आकर्षण होगा जिसने अपने-आप को सिर से पाँव तक भारत के रंग में रँग लिया था और यह भी यक़ीन किया जा सकता है कि कबीर से परिचित होने के बाद आम हिंदू आम मुसलमान से नफ़रत नहीं कर सकता था।

कबीर ने मंसूर की तरह अनलहक़ नहीं कहा लेकिन अनलहक़ का सारा भाव इन पंक्तियों में मोजूद है : "निरगुन आगे सरगुन नाचै, बाजै सुहंग तूरा" (पद 28)। अर्थात् निर्गुण के आगे सगुण नाच रहा है और अनलहक़ का साज़ बज रहा है।[1] जब वह यह कहते हैं कि "उसके वुजूद में एक दुनिया के बाद दूसरी दुनिया तस्बीह के दीनों की तरह चल रही है" तो फिर यह कहने की ज़रूरत बाक़ी नहीं रह जाती कि सारी सृष्टि उसकी माला फेरने में व्यस्त है। इसी तरह जब वह जनसाधारण की भाषा में यह कहते हैं कि "निराकार, निरगुन, अविनासी, कर वाही को संग" (पद 29) तो ऐसा लगता है कि हिंदू परिभाषा में "क़ुल हू अल्लाह अहद"[2] की व्याख्या इस प्रकार की जा सकती है। कभी-कभी इस दर्शन के दीवाने 'अलमस्त फ़क़ीर' का गीत इस्लामी चिंतनधारा की लहरों में बदल जाता है। "या करीम, बलि हिकमत तेरी, ख़ाक़ एक सूरत बहुतेरी" अर्थात् "ऐ करीम (दयानिधि), मैं तेरी हिकमत पर क़ुरबान जाऊँ, एक ख़ाक़ से इतनी सारी सूरतें बना डालीं।" और कभी वह इस्लामी आस्थाओं की भूमि से उठकर वेदांत के शून्य आकाश में चले जाते हैं, जहाँ निर्गुण और सगुण से भी चेतना ऊँची हो जाती है। फिर कभी-कभी वह इस्लामी शब्द इस्तेमाल करते हैं और हिंदू-पद्धति अपना लेते हैं, जैसे "नबी आँखों में मौजूद है, काले और सफ़ेद तिलों के बीच में एक तारा है जिसमें लाखों सूरज उदय होते हैं।" मगर इस हज़ार-रंग अंदाज़ के अंदर अभीष्ट एक ही है जो एक शब्द 'प्रेम' में समा जाता है, बाक़ी बातें उसकी व्याख्या हैं।

यह बात सर्वसम्मति से मानी जाती है और .ख़ुद कबीर ने इसे स्वीकार किया है कि वह अनपढ़ थे। लेकिन उनके जन्म और मृत्यु की तरह उनकी शागिर्दी के बारे में भी मतभेद है। मुस्लिम परंपरा उन्हें एक सूफ़ी पीर तक़ी

---

1. मौलाना जलालुद्दीन रूमी के नज़दीक अनलहक़ विनम्रता की आख़िरी मंज़िल है। जिस तरह शहद में डूबी हुई मक्खी हिल नहीं सकती उसी तरह इस्तग़राक़ (तल्लीनता) के आलम में कोई सूफ़ी अनल अबद (मैं बंदा हूँ) कह नहीं सकता क्योंकि उसमें दुइ (द्वैताभास) है—एक .ख़ुदा और एक बंदा और यह ग़ुरूर की मंज़िल है, .ख़ुदा के वुजूद के सामने अपने वुजूद का ऐलान है (मसनवी का अंग्रेज़ी अनुवाद—निकल्सन कृत, सातवाँ खंड)। लेकिन यह कहने का अधिकार सिर्फ़ अहले-बातिन (अंतर्ज्ञानी) को है अहले-ज़ाहिर (कर्मकांडी) को नहीं, क्योंकि इसकी सज़ा मौत है, जिसे अहले-बातिन ज़श्ने-उरूसी (विवाहोत्सव) समझते हैं और अहले-ज़ाहिर सज़ा कहते हैं।
2. क़ुरान की आयत जिसका अर्थ है कि अल्लाह एक है।

का शागिर्द ठहराती है लेकिन अपनी कविता में कबीर ने रामानंद को गुरु मानकर उनका सम्मान किया है।

पंद्रहवीं शताब्दी के बनारस में रामानंद की बड़ी ख्याति थी। वैसे तो वह हिंदू संत थे लेकिन उनकी गोष्ठी में हिंदू और मुसलमान दोनों शरीक होते थे। कबीर का लड़कपन था लेकिन उन्होंने भी रामानंद को ही अपना गुरु चुना। अब मुश्किल यह थी कि एक मुसलमान जुलाहे को वह अपना शिष्य बनाएँगे या नहीं। कबीर ने दूसरा हल जिस तरह खोजा वह बहुत दिलचस्प है। रामानंद रोज़ सुबह-सवेरे गंगा में स्नान करने जाते थे। एक रोज़ सुबह के वक़्त जब अभी अँधेरा था कबीर गंगा के किनारे सीढ़ियों पर लेट गए। थोड़ी देर में जब स्वामी रामानंद आए तो उनका पैर कबीर के सिर पर पड़ गया और अनायास उनके मुँह से 'राम-राम' निकल गया। कबीर .खुश हो गए कि मंत्र मिल गया और उस दिन से अपने-आप को रामानंद का चेला कहने लगे। हिंदू और मुसलमान दोनों ने शोर मचाया लेकिन कबीर के माथे पर बल नहीं पड़ा क्योंकि वह बचपन से इसके आदी थे। उनके असांप्रदायिक रवैये की वजह से हिंदू लड़के उन्हें मुसलमान समझकर और मुसलमान लड़के हिंदू समझकर छेड़ते थे और सताते थे—

ज़ाहिदे-तंग नज़र ने मुझे काफ़िर जाना
और काफ़िर यह समझता है मुसल्माँ हूँ मैं
देख ऐ चश्मे-अदू, मुझको हिक़ारत से न देख
जिस पे क़ुदरत को भी है नाज़ वह इंसाँ हूँ मैं

—इक़बाल

बहरहाल, रामानंद ने कबीर को अपने मंडल में ले लिया। कुछ लोगों का मत है कि कबीर उनकी सोहबत में एक अरसे तक रहे, लेकिन कुछ लोग यह समझते हैं कि यह सोहबत बहुत कम दिन रही और इसका सबूत इससे भी मिलता है कि कबीर के विचारों पर रामानंद का प्रभाव धीरे-धीरे धुँधला होता चला जाता है। यह मालूम होता है कि रामानंद से मिलने से पहले और बाद भी कबीर इधर-उधर घूमते रहे और संन्यासियों और भक्तों के अलावा मुस्लिम सूफ़ियों की सोहबत में भी वक़्त गुज़ारते रहे। लेकिन यह यक़ीनी बात है कि कबीर का धार्मिक ज्ञान, जो आश्चर्यजनक हद तक व्यापक है, स्वामी रामानंद की गोष्ठियों की भी देन है। और यह भी कहा जा सकता है कि उन्होंने उन गोठियों में भी भाग लिया जो सूफ़ियों और संतों के बीच होती थीं और जिनमें मर्मचिंतन और तत्त्व-विवेचन होता था। हिंदू धर्म के अलावा तसव्वुफ़ और इस्लाम के बारे में उनकी गहरी जानकारी और उनसे उनका गहरा लगाव

यह अनुमान लगाने पर विवश कर देता है कि अनपढ़ रहने के बावजूद, जिसे उन्होंने स्वयं स्वीकार किया है, उन्हें ज्ञानियों का सत्संग मिला था। झूसी के शेख़ तक़ी की सोहबत का ज़िक्र कबीर ने .खुद किया है, चाहे वह उनके शागिर्द बने हों या उनके साथ सिर्फ़ उठते-बैठते रहे हों।

डॉक्टर ताराचंद अपनी अंग्रेज़ी किताब 'भारत की संस्कृति पर इस्लामी प्रभाव' में लिखते हैं :

"कबीर के उपदेशों की शैली की रचना सूफ़ी औलिया और शायरों ने की। हिंदी ज़बान में तो उन्हें कोई मार्गदर्शक न मिला इसलिए वह जिन नमूनों की पैरवी कर सकते थे वह मुसलमानों ही से मिल सकते थे,[1] जैसे फ़रीदुद्दीन अत्तार का 'पंद-नामा'। बाबा फ़रीद और कबीर की नज़्मों के विषयों की तुलना करने से यह बात साफ़ दिखाई देती है। कबीर ने दूसरे सूफ़ियों के अलावा जलालुद्दीन रूमी और शेख़ सादी का कलाम भी ज़रूर सुना होगा क्योंकि उनके कलाम में इन सूफ़ी शायरों की प्रतिध्वनि सुनाई देती है।" (पृष्ठ 247, मजलिसे-अदब, लाहौर द्वारा प्रकाशित मुहम्मद मसऊद अहमद के अनुवाद से)

कबीर की कविता में अरबी और फ़ारसी के सैकड़ों शब्द हैं जिनमें से कुछ तो उस समय की हिंदी में प्रचलित हो चुके थे और कुछ सीधे सूफ़ी शायरी से आए हैं। तर्के-दुनिया (संसारत्याग) से इनकार, और योग और भोग, दोनों को घरेलू ज़िंदगी का हिस्सा मानना (पद 40) इस्लामी विचारधारा से परिचित होने का प्रमाण हैं। "फ़नाए-हस्ती (अस्तित्व का अंत) से कबीर का मक़सद यह था कि इनसान अपने हवास (इंद्रियों) और क़वा (शक्तियों) से निरंतर संघर्ष करता रहे।" (ताराचंद, पृष्ठ 261)

कबीर ने इस संघर्ष को इन शानदार शब्दों में बयान किया है :

"तलवार हाथ में लेकर रणक्षेत्र में उतरो और उस वक़्त तक लड़ो जब तक जान में जान है। दुश्मन का सिर काटकर उसका काम तमाम कर दो। फिर मालिक के दरबार में आकर अपना सिर झुका दो।

"बहादुर लड़ाई के मैदान को देखकर भागते नहीं और भागने वाले बहादुर नहीं होते। शरीर और प्राणों के रण में क्या घमासान की लड़ाई हो रही है। काम, क्रोध, मद, लोभ मुक़ाबले पर खड़े हुए हैं। संतोष, धीरज और सत्य

---

1. कबीर से पहले हिंदी भाषा ने कोई बड़ा कवि पैदा नहीं किया। मलिक मुहम्मद जायसी की जन्मतिथि 1494 ई. है और 'पद्मावत' का रचनाकाल 1540 ई. में शेरशाह सूरी के युग में हुआ जबकि कबीर की मृत्यु 1518 ई. में हो चुकी थी। इसलिए मुस्लिम सूफ़ियों के ज़रिये से कबीर के पास कई सौ बरस की फ़ारसी परंपरा आई। सूफ़ी क्षेत्रों में रूमी, सादी, अत्तार और हाफ़िज़ की रचनाएँ आमतौर पर पढ़ी जाती थीं और कबीर की कविता में उनके प्रभाव के प्रमाण मिलते हैं।

के राज्य में तलवार का नाम ऊँचा हो रहा है। कबीर कहते हैं कि जब कोई सूरमा लड़ाई के लिए निकलता है तो कायरों की फ़ौज पीठ दिखाकर भाग जाती है।

"सत्य की खोज का संघर्ष बहुत कठिन है। सती और सूरमा के मुक़ाबले में उसका प्रण निभाना ज़्यादा कठिन है। सूरमा की लड़ाई दो-चार घंटे चलती है। सती का संघर्ष एक क्षण में समाप्त हो जाता है। लेकिन सत्य की खोज करने वाला दिन-रात संघर्ष करता है। उसकी लड़ाई जीवन के अंतिम क्षण तक जारी रहती है।" (पद 37, छंद 2, 3, 4)

"मनुष्य के इस आंतरिक संघर्ष का वर्णन इन शब्दों में किया जा सकता है कि 'जिस हृदय में दया है, जो सदाचारी है, जो संसार में रहकर संसार से उदास रहता है और संसार के हर प्राणी को अपनी तरह जानता है उसको वह अविनाशी (भगवान) मिल जाता है।' " (ताराचंद, पृष्ठ 261-62; कबीर का पद 65)

डॉक्टर ताराचंद ने बहुत-सी मिसालों से कबीर और मुस्लिम दार्शनिकों, विचारकों और सूफ़ी शायरों के विचारों की समानता साबित की है और आख़िर में यह नतीजा निकाला है कि :

"इस तरह कबीर ने एक सांसारिक मार्गवाले धर्म की ओर मनुष्य का ध्यान मोड़ दिया।...कोई हिंदू या मुसलमान उस धर्म से बच नहीं सकता। यह कबीर के जीवन-ध्येय का रचनात्मक पहलू था। लेकिन उनके ध्येय का ध्वंसात्मक पहलू भी है। नए रास्ते बनाने का काम उस झाड़-झंखाड़ को दूर किए बग़ैर, जिसने पुरानी पगडंडियों को ढक दिया था, असंभव था। यही वजह है कि कबीर ने बेधड़क क्रोध के साथ और ज़ोरदार शब्दों में, धर्म के उस सारे बाहरी आडंबर पर, जिसने सत्य को छुपा दिया था, या हिंदुस्तान के संप्रदायों को एक-दूसरे से अलग कर दिया था, हमला किया। उनके हमले से न मुसलमान बचे, न हिंदू।" (ताराचंद, पृष्ठ 267)

ज़ाहिर है कि इस जगह पर हिंदू भक्ति और मुस्लिम तसव्वुफ़ का संगम अनिवार्य था। इसीलिए बाज़ जगहों पर मंसूर की अनलहक़ की गूँज के अलावा, जिसका ज़िक्र पहले आ चुका है, कबीर की शिक्षाओं पर रूमी के विचारों का असर भी दिखाई देता है, जिसे उन्होंने हिंदू भक्ति के ढंग से पेश किया है। वही प्रताप, वही बेचैनी जो रूमी की ग़ज़लों की विशेषता है, कबीर की कविता की महानता का तत्त्व है। हिंदू भक्ति कबीर को मुक़ामे-फ़ना की सैर कराती है जहाँ इज्ज़-ओ-इनकिसार (विनम्रता) ख़ुज़ूअ और ख़ुशुअ (विनय) है और मुस्लिम तसव्वुफ़ मुकामे-बक़ा पर पहुँचा देता है जहाँ क़ूवत (शक्ति), अज़्मत (महानता), जलाल और जमाल (प्रताप और सौंदर्य), बेबाक़ी और

बुलंद-आहंगी (स्पष्टवादिता और उच्चस्वर) के डंके बज रहे हैं। कबीर के शब्दों में आसमान गरज रहा है।[1] अगर कबीर के यहाँ यह कल्पना मौजूद है जो भक्ति और तसव्वुफ़ दोनों जगह समान रूप से है कि बूँद या बुलबुला नदी में विलीन हो जाता है, जीव, व्यक्ति, आत्मा जाकर ब्रह्म में मिल जाती है तो दूसरी तरफ़ यह कल्पना भी मौजूद है, जो रूमी की देन है, कि बूँद नदी को पी लेती है, आत्मा ब्रह्म को अपने अंदर समो लेती है। लेकिन यह दूसरी बात इतने साफ़ शब्दों में नहीं कही गई है जिसकी मिसाल रूमी का यह शेर है—

ब ज़ेरे - कुंगुरए - किब्रयाश मर्दानंद
फ़रिश्ता सैद ओ पयंबर शिकार ओ यज़दाँ गीर

[भावार्थ : बामे किब्रियाई (ब्रह्मस्थान) के साये में ऐसे हिम्मत वाले लोग खड़े हैं जो फ़रिश्ते और पैग़ंबर और ख़ुदा को भी शिकार कर लेते हैं।]

या इक़बाल का यह शेर जो रूमी की प्रतिध्वनि है—

दर दश्ते - जुनूने - मन, जिब्रील ज़बूँ सैदे
यज़दाँ ब - कमंद आवुर, ऐ हिम्मते - मर्दाना

[भावार्थ : मेरे दश्ते-जुनूँ (उन्माद के जंगल) में जिब्रील (एक फ़रिश्ता) एक तुच्छ शिकार है। ऐ हिम्मत-मर्दाना बढ़कर .ख़ुद यज़दाँ (ख़ुदा) पर कमंद डाल दे।]

लेकिन कबीर का आम अंदाज़ यह है—

न शबम, न शब-परस्तम कि हदीसे-ख़्वाब गोयम
चू ग़ुलामे-आफ़्ताबम हमा आफ़्ताब गोयम

[भावार्थ : मैं न तो रात हूँ, न रात का पुजारी कि नींद लाने वाली कहानियाँ सुनाऊँ। मैं तो सूरज का ग़ुलाम हूँ और मेरा हर शब्द सूरज की तरह प्रकाशमान है।]

यह भी मुक़ामे-बक़ा है और इसकी सबसे अच्छी मिसाल कबीर के उस पद में मिलती है जिसका पूरा कल्पना-चित्र प्रकाश और संगीत के तत्त्वों से बना है—

---

1. तसव्वुफ़ में सालिक (पथिक) को कई मुक़ामात (अवस्थाओं) से गुज़रना पड़ता है। उनमें एक मुक़ामे-बक़ा (अविनाश) है और एक मुक़ामे-फ़ना (विनाश)। दोनों एक-दूसरे के सामने हैं। फ़ारसी में रूमी मुक़ामे-बक़ा के शायर हैं। जिस तरह दूसरा कोई सूफ़ी शायर रूमी के क़रीब नहीं पहुँचता उसी तरह कोई दूसरा संत कवि कबीर के क़रीब नहीं पहुँच पाता।

"सूरज, चाँद और तारों के चिराग़ जल रहे हैं। प्रेम का राग वैराग्य के ताल और सुर पर गूँज रहा है। शून्य गगन में दिन-रात नौबत बज रही है और कबीर कहते हैं कि मेरा प्रीतम आकाश में बिजली की तरह चमक रहा है।

"वहाँ क्षण-भर की और पल-भर की आरती कहाँ। सारा संसार रात-दिन आरती उतारता है और गीत गाता है। तबल और निशान बज रहे हैं। झिलमिल ज्योति की ग़ैबी (रहस्यमयी) झालर जगमगा रही है। ग़ैब के घंटों की आवाज़ आ रही है।

"कबीर कहते हैं कि वहाँ रात और दिन अपने चिराग़ों को गर्दिश दे रहे हैं। जगत के सिंहासन पर जगत का स्वामी बैठा हुआ है। सारा संसार कर्म और भ्रम में लीन है। ऐसे प्रेमी जो प्रीतम को पहचानते हों कम हैं। असली प्रेमी वह है जो अपने हृदय में प्रेम और वैराग्य की लहरों को इस तरह मिला लेता है जैसे गंगा और जमुना की धाराएँ मिल जाती हैं। उसके हृदय में यह पवित्र जल हमेशा बहता रहता है, तब कहीं जाकर जन्म और मरण का अंत होता है।

"देखो अस्तित्व में क्या सुख है। इसका आनंद वही ले सकता है जो अस्तित्व को अनुभव कर सके। प्रेम की डोरियाँ हैं और सुख के सागर का झूला है जो पेंगें ले रहा है। शब्द वहाँ बादलों की तरह गरज रहे हैं। एक शानदार संगीत उठ रहा है। वहाँ बिना पानी के कमल खिला हुआ दिखाई देता है और कबीर कहते हैं कि मन का भौंरा उसका रस पी रहा है।

"सृष्टि चक्र के हृदय में कैसा सुंदर कमल खिला हुआ है। इसका आनंद कुछ संत ही ले सकते हैं। शब्द की घटाएँ चारों ओर छायी हुई हैं और हृदय एक अथाह सागर के सुख में डूबा हुआ है। कबीर कहते हैं कि इस सुखसागर में इस तरह डूब जाओ कि जीवन और मृत्यु का भ्रम बाक़ी न रह जाए।

"देखो, वहाँ पाँचों स्वादों (शब्द, स्पर्श, रूप, रस, गंध) की प्यास बुझ गई है और तीनों दुखों (भौतिक, आत्मिक और मानसिक) का बुख़ार उतर गया है। यह बुद्धि और विवेक से परे का (अगम) खेल है। देखो, तुम्हारे अस्तित्व में ग़ैब की चाँदनी है, वहाँ जीवन और मृत्यु की तालियाँ निरंतर बज रही हैं। आनंद की ज्योति आकाश में फैली हुई है। एक अमर संगीत की झंकार सुनाई दे रही है और त्रिलोक महल के प्रेम बाजे बज रहे हैं।

"जीवन और मृत्यु के बीच कोई अंतर नहीं है। दाहिना और बायाँ हाथ एक ही है। कबीर कहते हैं कि यहाँ अंतर्ज्ञानी गूँगा हो जाता है। यह वह सत्य है जो वेदों और किताबों में नहीं मिलता (केवल अनुभव किया जा सकता है)।

"मैंने शून्य के आसन पर बैठकर साधना के अवर्णनीय रस का प्याला पिया। अब मैं अंतर्ज्ञानी हूँ और एकत्व के मर्म को समझने वाला। मार्ग के बिना चलकर मैं इस शहर में पहुँच गया हूँ जहाँ कोई दुख नहीं है। जगदेव की कृपा और दया आसानी से प्राप्त हो गई है। मैंने ध्यान धरकर देखा तो वह बिना आँखों के दिखाई दे गया जो असीम है, अनंत है, जिसे लोग अगम कहते हैं। यह स्थान दुखों से रहित है। यहाँ पहुँचने का कोई रास्ता नहीं है लेकिन जिसने दुख (ग़म) पाया वही बे-ग़म हो गया। यहाँ विचित्र शांति है। ज्ञानी वह है जिसने यह स्थान देखा है। ज्ञानी वह है जिसने इसका गीत गाया है।

"यही शाश्वत सत्य है मगर इसके सुख का कैसे वर्णन किया जाए। जिसने यह सुख भोगा है वही इस स्वाद को जानता है। कबीर कहते हैं कि इस स्वाद का सुख पा लेने के बाद अज्ञानी ज्ञानी बन जाता है और ज्ञानी चुप हो जाता है।

"अवधूत (योगी) नशे में चूर है। ज्ञान और वैराग्य पूरा हो गया है। आती-जाती साँस का प्रेम-प्याला इसने पिया है। सारा आकाश संगीत से भरा हुआ है।

"उँगलियों की मिज़राब के बग़ैर तारों से संगीत निकल रहा है। सुख-दुख का खेल जारी है। कबीर कहते हैं कि जो कोई अपने जीवन को जीवन-सागर में मिला देता है उसकी आत्मा महा आनंद में डूब जाती है।

"आठों पहर का मतवालापन है। आठों पहर जाम पर जाम चल रहे हैं। आठों पहर सरमस्ती छायी रहती है। ब्रह्म के शरीर में भक्त जीवित है।

"केवल मादकता ही मादकता है। न दुख है न खींचातानी। वहाँ मैंने भरपूर आनंद देखा है, वहाँ ग़लती की कोई गुंजाइश नहीं है। कबीर कहते हैं कि वहाँ केवल एकत्व की छटा दिखाई देती है।

"मैंने अपने शरीर में सृष्टि का कोलाहल देखा है और मुझे सांसारिक भूलों से मुक्ति मिल गई है। आंतरिक और बाह्य अस्तित्व से एक आकाश बन गया है। सीमित और असीम मिलकर एक हो गए हैं।

"मैं दर्शन (दीदार) की मदिरा से मस्त हो गया हूँ। तेरी ज्योति भरपूर रूप में प्रकट होती है। ज्ञान की थाली में प्रेम का दिया जल रहा है। शून्य आसन पर साधना का डेरा है। कबीर कहते हैं कि वहाँ ग़लती का अस्तित्व नहीं और मृत्यु की खींचातानी ख़त्म हो चुकी है।" (पद 17)

---

1. क़ुरान में आया है कि एक रात रसूल अल्लाह आसमान पर तशरीफ़ ले गए। मुस्लिम आलिमों में अधिकांश यह मानते हैं कि यह शारीरिक अनुभव था। लेकिन कुछ आलिमों का ख़याल है कि रसूल अल्लाह शारीरिक रूप में तशरीफ़ नहीं ले गए थे बल्कि यह एक रूहानी अनुभव था। इसलिए दो इस्तलाहें बन गई हैं—मेराजे-जिस्मानी और मेराजे-रूहानी।

डॉक्टर ताराचंद ने इस पद के कुछ हिस्सों को मेराजे-रूहानी[1] कहा है जो शुद्धतः मुस्लिम विचार है। लेकिन इस पद में मुस्लिम और हिंदू विचारों का ऐसा समन्वय है कि दोनों के लिए स्वीकार्य हो सकता है। 'वुजूद' और 'ग़ैब' जैसे शब्दों के अलावा जो उस वक़्त की बोलचाल के शब्द नहीं हो सकते, कबीर ने गंगा और जमुना को 'गंग' और 'जमन' कहा है जो शुद्ध फ़ारसी उच्चारण है। यह सीधे-सीधे सूफ़ी शायरी की परंपरा का प्रमाण है। फिर 'दीदार की शराब' और 'इश्क़ का नूर' भी मुस्लिम सूफ़ी प्रभावों का नतीजा है। लेकिन इन कल्पनाओं के साथ जब कबीर 'शून्य', 'तिरलोक महल', 'चक्र', 'कमल के फूल', 'आरती' और 'ग़ैब के घंटों' की कल्पनाओं को मिला देते हैं तो वह अपनी हिंदू धरोहर का प्रमाण देते हैं।

चूँकि वहदानियत (अद्वैत) के अनंत सागर की लहरें अपने अलग-अलग नाम नहीं रख सकतीं इसलिए कबीर ने हिंदू या मुस्लिम नाम धारण करने से इनकार कर दिया—

हिंदू कहो तो मैं नहीं, मूसलमान भी नाहीं
पाँच तत्त्व का पूतला, गैबी खेले माहीं

[अर्थात् मैं न हिंदू हूँ, न मुसलमान। मैं तो ग़ैब के खेल के अंदर पाँच तत्त्व का पुतला हूँ।]

इसके बाद ख़ुदा, अल्लाह, राम, हरि, गोविंद, साईं, साहब सब शब्दों का एक ही अर्थ हो जाता है और इन पर लड़ने वाले मूर्ख मालूम होने लगते हैं।

रूमी ने अपनी मसनवी में एक हिकायत बयान की है। एक आदमी ने चार अलग-अलग भाषाएँ बोलने वालों को एक दिरम दिया। ईरानी ने कहा कि इससे अंगूर ख़रीदे जाएँ। अरब ने कहा, नहीं इनब। तुर्क ने अज़म का नाम लिया और चौथे ने इस्ताफ़ील का। इस पर चारों लड़ने लगे। उस वक़्त अगर कोई चारों भाषाओं का जानने वाला मौजूद होता तो वह उन मूर्खों को बताता कि सब एक ही चीज़ माँग रहे हैं। लड़ाई सिर्फ़ शब्दों के अलग-अलग होने पर हो रही है।

इसी मसनवी में दूसरी जगह रूमी ने चिराग़ों और फलों की उपमा इस्तेमाल की है। अगर एक मकान में दस चिराग़ जमा कर दिए जाएँ तो हर एक की शक्ल दूसरे से अलग होगी। लेकिन जब रोशनी पर नज़र जाएगी तो कोई फ़र्क़ नहीं मालूम होगा। इसी तरह अगर सौ सेब और सौ बिही की गिनती की जाए तो सौ दिखाई देंगे लेकिन निचोड़ देने के बाद सबका रस एक हो जाएगा। वास्तव में अर्थ में गिनती और विभाजन संभव नहीं है। इसलिए यारों को यारों से मिल जाना चाहिए और सूरत को छोड़कर जो सरकश (विद्रोही) है, अर्थ को ग्रहण करना चाहिए। (मसनवी, खंड 9)

यही बात कबीर कहते हैं, मगर वह अनपढ़ होने की वजह से रूमी की तरह विद्वान और विचारक नहीं हैं इसलिए वह पांडित्यपूर्ण उपमाएँ इस्तेमाल नहीं करते, बल्कि ज़मीन की गिरी-पड़ी उपमाओं से काम लेते हैं और सीधा हमला करते हैं।

"दुनिया के दो मालिक (जगदीश)[1] कहाँ से आए ? तुझे इस भ्रम में किसने डाल दिया है। अल्लाह, राम, रहीम अलग-अलग कैसे हो सकते हैं। एक सोने से सब गहने बनाए गए हैं। यह सब एक नमाज़, एक पूजा कहने-सुनने की बातें हैं। इनको अपने अस्तित्व से दूर कर दे। वही महादेव है, वही मुहम्मद। जो ब्रह्मा है उसी को आदम कहना चाहिए। कोई हिंदू कहलाता है और कोई मुसलमान, लेकिन रहते एक ज़मीन पर हैं। एक वेद के ग्रंथ पढ़ता है और एक ख़ुत्बा। एक मौलाना कहलाता है और एक पंडित। नाम अलग-अलग रख लिए गए हैं, वैसे बरतन सब एक ही मिट्टी के हैं।" (पद 126)

रूमी ने अपने अशआर के शीर्षक में लिखा है कि "इस बयान में कि तमाम पैग़ंबर बर-हक़ (अपनी जगह सच्चे) हैं जैसाकि क़ुरान की आयत है कि हम उसके पैग़ंबरों में से किसी में भेदभाव नहीं करते।" लेकिन कबीर ने यह बात लिखे बिना ही इसी विचार को व्यक्त किया है। "अगर उनकी काव्य-रचना में सूफ़ियों की शब्दावली से ज़्यादा समानता नहीं पाई जाती तो उसकी वजह यह नहीं कि कबीर उन विचारों से कम परिचित थे, बल्कि इसकी वजह यह है कि वह विद्वान नहीं थे। इसलिए जब उन्होंने इन विचारों को अपनाया तो फ़ारसी शेरों को पूरी तरह अपने मस्तिष्क में सुरक्षित न रख सके।" (ताराचंद, पृष्ठ 249)

मुसलमान सूफ़ी रसूले-इस्लाम का नाम लेने में बहुत सतर्क हैं। उनका उसूल है कि "बा-ख़ुदा दीवाना बाश ओ बा-मुहम्मद होशियार" (ख़ुदा के साथ तो दीवानापन कर सकते हो लेकिन रसूल का नाम लेते वक़्त सावधान रहना चाहिए)। कबीर से पहले रूमी कुछ जगहों पर उन हदों से आगे निकल गए हैं जिन तक पहुँचने की हिम्मत उनसे कम दर्जे के सूफ़ी और शायर नहीं कर सकते थे। इसलिए एक ग़ज़ल में वह बहुत-से पैग़ंबरों के नाम लेते हैं और फिर इशारे में रसूल-अल्लाह का ज़िक्र करके यह कहते हैं कि रूमी ने कोई कुफ़्र की बात नहीं की है। यहाँ सिर्फ़ चंद अशआर काफ़ी होंगे—

हर लहज़ा ब-शक्ले बुते-अय्यार बरामद दिल बुर्द ओ निहाँ शुद
हर दम ब-लिबासे दिगर आँ यार बरामद गह पीर ओ जवाँ शुद

1. असल अरबी शब्द अल्लाह है। ईरानियों ने इसका अनुवाद ख़ुदा किया। कबीर ने जगदीश और राम कर दिया।

.खुद कूज़ःओ .खुद कूजःगर ओ .खुद गिले-कूज़ः खुद रिंदे-सुबूकश
.ख़ुद बर-सरे आँ कूज़ःख़रीदार बरामद बिश्कस्त ओ रवाँ शुद
बिल्लह कि हम ऊ बूद कि मी आमद ओ मी रफ़्त हर क़र्न कि दीदी
ता आक़बत आँ शक्ल अरबवार बरामद दाराए - जहाँ शुद
हक़्क़ा कि हम ऊ बूद कि मी गुफ़्त अनलहक़ दर सौते - इलाही
मंसूर न बूद ऊ कि बर आँ दार बरामद नादाँ ब-गुमाँ शुद
इन दम ब - निहानस्त बेबीं गर तू बसीरी अज़ दीदए-बातिन
ईनस्त कज़ू इन हमा गुफ़्तार बरामद दर दीदःबयाँ शुद
रूमी सुख़ने कुफ़्र न गुफ़्तस्त ओ न गोयद मुनकिर मश्वेदश
काफ़िर शुदः आँ कस कि ब इंकार बरामद अज़ दोज़ख़ियाँ शुद[1]

[भावार्थ : इस चालाक महबूब ने तरह-तरह के रूप धारण किए हैं और दिल लेके ग़ायब हो गया। हर बार दूसरा लिबास बदलकर आया। कभी बूढ़ा बना और कभी जवान। वह ख़ुद ही कूज़ा (मिट्टी का प्याला) है,.ख़ुद ही कूज़ा बनाने वाला और.ख़ुद ही कूज़े की मिट्टी और.ख़ुद ही उसमें शराब पीने वाला। फिर .ख़ुद ही उस कूज़े का ख़रीदार बनकर आया और उसे तोड़कर चलता बना। क़सम ख़ुदा की, वह ख़ुद ही था जो हर ज़माने में आता रहा और जाता रहा, यहाँ तक कि आख़िरकार वह एक अरब की शक्ल में ज़ाहिर हुआ और दुनिया का शहंशाह बन गया। वही तो था जिसने ख़ुदा की आवाज़ में अनलहक़ कहा। वह जो फाँसी पर चढ़ा मंसूर नहीं था। सिर्फ़ नादानों को ग़लतफ़हमी हुई। इस वक़्त भी दिल की आँखों से देखने वाले देख सकते हैं कि परदे में वही छुपा हुआ बोल रहा है। रूमी ने कुफ़्र की बातें न तो कभी कही हैं और न कहता है। उससे इनकार न करो। जिसने इनकार किया वही काफ़िर क़रार पाया और दोज़ख़ी हो गया।]

अद्वैत सारे विरोधों के अंत का नाम है। रूमी के शब्दों में दूध और शकर मिलकर एक हो जाते हैं। प्रेमी एक-दूसरे से मिल जाते हैं। रात और दिन के परदे उठ जाते हैं और चाँद और सूरज गले मिल जाते हैं। आशिक़ों और माशूक़ों का रंग सोने और चाँदी के मिश्रण की तरह मिल जाता है और राफ़ज़ी यह देखकर दंग रह जाता है कि अली और उमर एक हैं।[2]

---

1. इस ग़ज़ल का दूसरा शेर फ़रोज़ाँफ़र के संकलित दीवान शम्स तबरेज़ी (तेहरान संस्करण) में नहीं है। मुझे बचपन से याद है और अफ़ज़ल इक़बाल ने अपनी अंग्रेज़ी किताब Life and Work of Rumi (लाहौर संस्करण) में भी इस शेर को इसी ग़ज़ल का हिस्सा क़रार दिया है। मेरे पूछने पर उन्होंने प्रोफ़ेसर निकल्सन का हवाला दिया।
2. शिबली नोमानी की किताब 'मौलाना रूमी की जीवनी' से उद्धृत। शियों को राफ़ज़ी कहते हैं जो हज़रत उमर को ख़लीफ़ा नहीं मानते।

इस तरह इस मंज़िल पर बंदे और ख़ुदा का विरोध भी मिट जाता है। इसीलिए कबीर अपने कुछ पदों में दोनों के लिए एक जैसी शैली अपनाते हैं—

"आदि में वह अकेला था और उसका अपना अस्तित्व ही उसके लिए काफ़ी था। वह जिसका न रंग है, न रूप है। वह जो निर्गुण है। न आदि था, न विकास, न अंत। न अँधेरा था, न धुँधलका, न उजाला। न पृथ्वी थी, न वायु, न आकाश। न आग थी, न पानी। न गंगा, जमुना और सरस्वती की धाराएँ थीं। न समुद्र था, न लहरें, न पाप था, न पुण्य। न वेद-पुराण थे, न कुरान।" (पद 81)

"न मैं धर्मी हूँ, न अधर्मी। न मैं नियमों का पाबंद हूँ, न वासनाओं का दास। न मैं बोलता हूँ, न मैं सुनता हूँ। न मैं उपासक हूँ, न उपास्य। न मैं बल के आधीन हूँ, न उन्मुक्तता के। न मेरा किसी से संबंध है, न संबंधहीन हूँ। न मैं किसी से दूर हूँ, न किसी से पास। न हम नरक में जाते हैं, न स्वर्ग का रास्ता लेते हैं। सब काम हमने किए हैं लेकिन हर काम से उदासीन हैं। इस दर्शन के समझने वाले कम हैं लेकिन जिसने समझ लिया वह संतुष्ट हो गया। कबीर न तो किसी मत का प्रवर्तक है, न किसी मत का मिटाने वाला।" (पद 79)

इसके बाद कबीर की तरह यह भी कहा जा सकता है कि एकत्व के अनेकत्व में बदल जाने और सृष्टि की रचना से पहले, जब विष्णु और शिव का भी अस्तित्व नहीं था, मैं ब्रह्म के प्रेम में लीन था, अर्थात् उसके साथ एक था। (पद 29)

और रूमी की तरह यह भी दावा किया जा सकता है कि सबकुछ मैं हूँ—काबा भी मैं हूँ, काबे के बुतख़ाने में बैठने वाला हर बुत भी मैं ही हूँ और इंजील और ज़ुबूर और क़ुरान भी मैं हूँ। इसलिए कि—

दर इश्क़ न जिस्मम ओ न जानम
चीज़े-अजबम न ईं न आनम
अफ़ज़ँ ज़े ज़मात ओ दर ज़मानम
बेरूँ ज़े मकान ओ दर मकानम
हर जा कि रवम ख़राबे - इश्क़म
मन काब:ओ बुतकद: न दानम
हम सायए-आफ़्ताबे ज़ातम
हम मौजे - मुहीते - बेकरानम

[भावार्थ : इश्क़ में न मैं जिस्म हूँ, न जान। न यह हूँ, न वह। काल से बड़ा हूँ और काल के पैमाने में समाया हुआ हूँ। देश से ऊपर हूँ और देश में समाया

हुआ हूँ। जहाँ भी जाऊँ मैं इश्क़ का ही मतवाला हूँ। मैं काबा और बुतख़ाना कुछ भी नहीं जानता। मैं आफ़्ताबे-ज़ात (ब्रह्म) का नूर हूँ और अनंत सागर की लहर।]

इन आशिक़ों की एक ही मंज़िल है--मंज़िले-किब्रिया (ब्रह्म)। कबीर के शब्दों में—"निशाना आसमान की ओट में है। दाहिनी तरफ़ सूरज है, बाईं तरफ़ चाँद और निशाना बीच में छुपा हुआ है। तन की कमान है और इश्क़ की डोरी और मैंने शब्द का तीर तान लिया है।" (पद 122)

और रूमी के शब्दों में—

राास्त कर्दः बर निशान अंदाख़्तेम
अज़ कमाने-शौक़ तीरे-मारिफ़त

[भावार्थ : शौक़ की कमान में मारिफ़त (ब्रह्म-ज्ञान) के तीर को सीधा करके मैंने निशाने पर मार दिया है।]

इस जगह पर कबीर की आवाज़ रूमी और दूसरे महान सूफ़ी और संत कवियों की आवाज़ की तरह सिर्फ़ वहदानियत (अद्वैत) के भाव से परिपूर्ण है (पद 81, 82, 83, 94, 96) और इस परिपूर्णता के वातावरण में किसी ज़ाहिरी रस्म या ज़ाहिरी पूजा-पाठ की गुंजाइश नहीं है।[1] वह एकत्व में विघ्न डालती है। और जिसको इस अवस्था में पूजा-पाठ की विधियाँ सोचने का समय मिल गया वह सही मानों में परिपूर्ण नहीं है। इसलिए वह या तो दिखावे में फँस जाता है, उपासना के अंतर पर और रस्मों के बाहरी रूपों पर लड़ता-झगड़ता है जिसकी वजह से ईश्वर के बनाए हुए प्राणियों में मतभेद पैदा होता है और विरोध के दरवाज़े खुलते हैं।

"देखो साधु, सारी दुनिया पागल हो गई है। सच्ची बात कहो तो मारने को दौड़ते हैं, लेकिन झूठ पर सारी दुनिया का ईमान है। हिंदू राम का नाम लेता है और मुसलमान रहमान का और दोनों आपस में लड़े-मरते हैं लेकिन सत्य से कोई परिचित नहीं। मुझे धर्म और उसके नियमों को मानने वाले बहुत मिले जो हर सुबह स्नान करते हैं और आत्मा को छोड़कर पत्थर की पूजा करते हैं। उनका ज्ञान झूठा है। ''' मैंने पीर और मुरीद बहुत देखे हैं जो किताब और क़ुरान पढ़ते रहते हैं। वे क़ब्र दिखाकर लोगों को मुरीद बनाते

---

1. "Permit me not henceforward to know thee thus imperfectly through these messengers....Free me henceforward from dependence upon oratories, images and pictures which purport to represent thee, upon the beauties of nature which reveal thee, and even upon words which speak of thee. It is for thee alone, for thyself, that I yearn. Therefore surrender thou thyself now completely."
(St. John of Cross—by A. Peers, P-48)
Quoted by Bankey Bihari, "Sufis, mystics and yogis of India"

हैं। ज़ाहिर है कि उन्होंने .ख़ुदा को नहीं पहचाना है।" (पद 117)

"अल्लाह दीन का पहला उसूल है और उसने ज़बरदस्ती की हिदायत नहीं दी है।[1] तुम्हारे पीर और मुर्शिद कौन हैं और कहाँ से आए हैं। रोज़े रखने, नमाज़ गुज़ारने और कलमा पढ़ने से जन्नत नहीं मिलती। काश कोई यह बात जाने कि एक दिल में सत्तर काबे हैं। अपने महबूब को पहचानो, और दिल में रहम पैदा करो और माल-मताअ को तुच्छ समझो। बिहिश्त तो तब मिलती है जब साईं को अपने पास महसूस करें।" (पद 118)

"ऐ साधु, ये पाँडे बड़े निपुण क़साई हैं। ... इनके दिल में ज़रा भी रहम नहीं। स्नान करके और तिलक लगाके बैठते हैं और बड़ी बाक़ायदगी से देवता की पूजा करते हैं। ये अपनी आत्मा को एक पल में मार देते हैं और .ख़ून की नदी बहा देते हैं। ये बहुत पवित्र हैं और ऊँचे कुल के हैं। ... लोगों का पाप काटने के लिए ये कथा सुनाते हैं और काम उनसे बहुत नीच करवाते हैं। मैंने दोनों को एक साथ डूबते देखा है।" (पद 112)

माला, लक्कड़, ठाकुर, पत्थर, तीरथ, सगरे पानी
रामा, कृष्णा मरते देखे, चारों वेद कहानी
कंकर - पत्थर जोड़के मस्जिद लई बनाय
वा चढ़ मुल्ला बाँग दे, का बहिरो भयो खुदाय

और इस सबसे कबीर ने एक ही नतीजा निकाला था—

पोथी पढ़-पढ़ जग मुवा, पंडित भया न कोय
ढाई अच्छर प्रेम के पढ़े सो पंडित होय

इसमें दिलचस्प नुक्ता यह है कि देवनागरी में जब 'प्रेम' लिखा जाता है तो उसमें सिर्फ़ ढाई अक्षर होते हैं।

दिखावटी धर्म से विद्रोह और वास्तविक धर्म के प्रचार का क्रांतिकारी पहलू यह था कि उसने मध्ययुग के मनुष्य को आत्म-प्रतिष्ठा, आत्म-सम्मान और आत्म-विश्वास दिया और मनुष्य को मनुष्य से प्रेम करना सिखाया। संतों और सूफ़ियों के पास इतनी ताक़त तो नहीं थी कि वे उस अन्याय और अत्याचार के ख़िलाफ़ लड़ सकते जिनका केंद्र शाही दरबार और अमीरों के महल थे। इसलिए उन्होंने उनकी तरफ़ से बड़े तिरस्कार के साथ मुँह फेर लिया[2] और

---

1. ये दोनों टुकड़े क़ुरान की आयतों से लिये गए हैं।
2. "Tasavvuf was one of the strongest forces making for active benevolence and service to mankind in the past. Its leading exponents e.g. Rumi, Hafiz, Attar and Jami were the master spirits of their times. The ethical system they preached is the highest we can concieve. They believed that virtue is its own reward, and condemned the calculating goodness of the selfish clergy whose piety and devotion were motivated by the desire of reward in the hereafter. →

संतोष और धीरज का उपदेश दिया। संतोष का अर्थ वैराग्य नहीं था बल्कि बादशाहों, दरबारियों और अमीरों से विमुख होकर व्यापार और शारीरिक श्रम से रोज़ी कमाना था जिसका आदर्श कबीर ने पेश किया है। उस युग में व्यापार को राज-सेवा के मुक़ाबले में तुच्छ समझा जाता था। इसलिए व्यापार और शिल्प की आमदनी पर संतोष करना और ईश्वर का उपकार मानते हुए जीवन व्यतीत करना ही सबसे बड़ा संतोष था। (शिबली नौमानी, शेर-उल-अजम)

और यह मध्ययुग से औद्योगिक और व्यापारिक युग की तरफ़ पहला क़दम था। इसलिए तसव्वुफ़ और भक्ति ने सामंती व्यवस्था के वैचारिक आधार को हिला दिया।

कबीर की शिक्षाओं ने आम हिंदुओं और मुसलमानों को मुग्ध कर लिया लेकिन संकीर्ण दृष्टिवाले लोगों की आँखों में वे काँटे की तरह खटकते रहे। इसलिए उन्होंने कबीर के ख़िलाफ़ हंगामा खड़ा कर दिया और उस समय के बादशाह सिकंदर लोदी तक उनकी शिकायत पहुँची। यह तो पता नहीं चलता कि सिकंदर लोदी ने कबीर को सज़ा दी या माफ़ कर दिया लेकिन यह ज़रूर हुआ कि कबीर ने कुछ अरसे के लिए बनारस छोड़ दिया। इसका नतीजा यह हुआ कि उनकी शिक्षाएँ दूर-दूर तक फैल गईं।

डॉक्टर ताराचंद के शब्दों में, "कबीर पहला व्यक्ति है जिसने एक केंद्रीय धर्म, एक मध्य मार्ग का निस्संकोच आगे आकर एलान किया। उसका नारा पूरे हिंदुस्तान में गूँज उठा और सैकड़ों जगहों से उसकी प्रतिध्वनि सुनी गई। ... कबीर के धर्मानुयायियों की संख्या उतना महत्त्व नहीं रखती जितना कि कबीर का वह असर जो पंजाब, गुजरात और बंगाल तक फैल गया और मुग़ल-काल में बढ़ता गया।" (भारतीय संस्कृति पर इस्लामी प्रभाव, पृष्ठ 270)

दूसरे सूफ़ियों और संतों की शिक्षाओं के साथ मिलकर कबीर की शिक्षाएँ और विचार उत्तरी भारत की लगभग सभी भाषाओं के साहित्य का अंग बन गए। उनके प्रत्यक्ष प्रभाव का संकेत गुरु नानक की शिक्षाओं में भी मिलता है और आधुनिक युग में टैगोर के विचारों में भी। किसी कवि को इससे बड़ी श्रद्धांजलि क्या मिल सकती है!

हमें आज भी कबीर के नेतृत्व की ज़रूरत है, उस रोशनी की ज़रूरत है जो इस संत सूफ़ी के दिल से पैदा हुई थी। आज दुनिया आज़ाद हो रही है। विज्ञान

→

More important still, Tasavvuf gave self respect to mankind. During the middle ages when man had been reduced to the position of an abject slave by despotism, it was mysticism alone that glorified him as divine in origin and gave him hope and confidence. The greatest service of Tasavvuf was that it was the only tolerant system in a world from which tolerance had been ruthlessly outlawed."

('A History of Urdu Literature' by Mohammad Sadiq. Oxford University Press, Page 9)

की असाधारण प्रगति ने मनुष्य का प्रभुत्व बढ़ा दिया है। उद्योगों ने उसके बाहुबल में वृद्धि कर दी है। मनुष्य सितारों पर कमंदें फेंक रहा है। फिर भी वह तुच्छ है, संकटग्रस्त है, दुखी है। वह रंगों में बँटा हुआ है, जातियों में विभाजित है। उसके बीच धर्मों की दीवारें खड़ी हुई हैं। सांप्रदायिक द्वेष है, वर्ग-संघर्ष की तलवारें खिंची हुई हैं। बादशाहों और शासकों का स्थान नौकरशाही ले रही है। दिलों के अंदर अँधेरे हैं। छोटे-छोटे स्वार्थ और दंभ हैं जो मनुष्य को मनुष्य का शत्रु बना रहे हैं। जब वह शासन, शहंशाहियत और प्रभुत्व से मुक्त होता है तो .खुद अपनी बदी का ग़ुलाम बन जाता है। इसलिए उसको एक नए विश्वास, नई आस्था और नए प्रेम की आवश्यकता है जो उतना ही पुराना है जितनी कबीर की आवाज़ और उसकी प्रतिध्वनि इस युग की नई आवाज़ बनकर सुनाई देती है—

ग़ुलामी में न काम आती हैं शमशीरें न तदबीरें
जो हो ज़ौक़े-यक़ीं पैदा तो कट जाती हैं ज़ंजीरें
कोई अंदाज़ा कर सकता है इसके ज़ोरे-बाज़ू का
निगाहे-मर्दे-मोमिन से बदल जाती हैं तक़दीरें
विलायत, पादशाही, इल्मे-अशया की जहाँगीरी
ये सब क्या हैं फ़क़त इक नुक्तए ईमाँ की तफ़सीरें
बराहीमी नज़र पैदा मगर मुश्किल से होती है
हवस छुप-छुप के सीने में बना लेती है तस्वीरें
तमीज़े-बंदः-ओ आक़ा फ़सादे - आदमीयत है
हज़र ऐ चीरादस्ताँ, सख्त हैं फ़ितरत की ताज़ीरें
हक़ीक़त एक है हर शै की ख़ाकी हो कि नूरी हो
लहू .खुरशीद का टपके अगर ज़र्रे का दिल चीरें
यक़ीं मुहकम, अमल पैहम, मुहब्बत फ़ातहे-आलम
जिहादे-ज़िंदगानी में हैं, ये मरदों की शमशीरें

—इक़बाल

[भावार्थ : ग़ुलामी में न तलवारें काम आती हैं, न तदबीरें लेकिन अगर आदमी में आस्था हो तो हर ज़ंजीर कट जाती है। संत के बाहुबल का अनुमान इस बात से लगाया जा सकता है कि उसकी निगाह से भाग्य बदल जाते हैं। संत होना, बादशाह होना या विज्ञान का प्रभुत्व ये सब आस्था की व्याख्याओं के अलावा कुछ भी नहीं हैं। इब्राहीम पैग़ंबर, जिनके बाप मूर्तियाँ बनाकर उनकी पूजा करते थे लेकिन जिन्होंने .खुद एक अनदेखे ख़ुदा की उपासना पर ज़ोर दिया, उनकी ऐसी निगाह मुश्किल से मिलती है क्योंकि हवस (वासना) चुपके-चुपके दिल में नाना रूप धारण करती रहती है। स्वामी और दास का

अंतर मानवता को कलंकित करता है। इसलिए अत्याचारियों डरो कि प्रकृति का दंड बहुत कड़ा है। कोई चीज़ ख़ाक की बनी हो या नूर की, हर चीज़ की वास्तविकता एक ही है, अगर ज़र्रे का दिल चीरें तो उसमें से सूरज का ख़ून टपकेगा। दृढ़ संकल्प, निरंतर सक्रियता, और विश्वविजयी प्रेम, ये जीवन-संघर्ष में वीरों की तलवारें हैं।]

यह कबीर की, रूमी की, गरज़ तमाम सूफ़ियों और संतों की शिक्षाओं की व्याख्या है जिसमें एक नई मानवता की रूपरेखा निहित है।

बंबई —**सरदार जाफ़री**

अगस्त, 1965

1

मोकों कहाँ ढूढ़े बन्दे, मैं तो तेरे पास में।
ना मैं देवल ना मैं मसजिद, ना काबे कैलास में।
ना तो कौन क्रिया-कर्म में, नहीं योग बैराग में।
खोजी होय तो तुरतै मिलिहौं, पल भर की तालास में।
कहैं कबीर सुनो भाई साधो, सब स्वाँसों की स्वाँस में॥

ऐ बंदे, तू मुझे कहाँ ढूँढ़ता फिर रहा है, मैं तो तेरे पास ही हूँ। न मैं मंदिर में मिलूँगा, न मस्जिद में, न काबे और कैलाश में, न पूजा-पाठ में, न योग-बैराग में। सच्चे मन से खोजने वाला हो तो उसे मैं पल-भर की तलाश में मिल जाऊँगा। कबीर कहते हैं, भाई साधु सुनो, वह तो हर साँस में मौजूद है।

2

सन्तन जात न पूछो निरगुनियाँ।
साध ब्राह्मन साध छत्तरी, साधै जाती बनियाँ।
साधनमाँ छत्तीस कौम है, टेढ़ी तोर पुछनियाँ।
साधै नाऊ साधै धोबी, साध जाति है बरियाँ।
साधनमाँ रैदास सन्त हैं, सुपच ऋषि सो भँगियाँ।
हिन्दु-तुर्क दुइ दीन बने हैं, कछू नहीं पहचनियाँ॥

ऐ नादानो, संतों की जाति क्या पूछते हो। (भगवान के भक्त) साधु ब्राह्मण भी हैं और क्षत्रिय भी और बनिए भी। साधुओं में छत्तीस जाति के लोग हैं जो उसे खोज रहे हैं। तुम्हारा यह सवाल कितना ग़लत है। नाई, धोबी, बढ़ई सभी जातियों में साधु हो चुके हैं। उन्हीं में संत रैदास हुए हैं और उन्हीं में श्वपच सुदर्शन जैसे ऋषि जिन्हें भंगी कहा गया है। बेकार में हिंदू और मुसलमान दो धर्म बन गए हैं, जिनमें कोई अंतर नहीं।

3

साधो भाई, जीवत ही करो आसा।
जीवत समझे जीवत बूझे, जीवत मुक्तिनिवासा।
जीवत करम की फाँस न काटी, मुये मुक्ति की आसा।
तन छूटे जिव मिलन कहत है, सो सब झूठी आसा।
अबहुँ मिला तो तबहुँ मिलेगा, नहिं तो जमपुर बासा।
सत्त गहे सतगुरु को चीन्हें, सत्त-नाम बिस्वासा।
कहैं कबीर साधन हितकारी, हम साधन के दासा॥

मेरे भाई, जब तक ज़िंदा रहो तब तक (ईश्वर के पाने की) आशा रखो। समझ-बूझ जीवन के साथ है। मुक्ति भी जीवन में ही संभव है। अगर तुमने अपने जीवन में अपने बंधन नहीं तोड़े (करम का फंदा नहीं काटा) तो मरने के बाद मुक्ति पाने की क्या आशा रखते हो। यह भ्रम है कि आत्मा शरीर से निकलकर भगवान में मिल जाएगी। अगर वह अब मिल गया तो तब भी मिलेगा, नहीं तो तुम्हें यमपुरी में ही रहना पड़ेगा। सत्य को आज पकड़ो, सत्‌गुरु को आज पहचानो, सत्‌-नाम पर आज आस्था रखो। कबीर कहते हैं कि हम तो साधना के दास हैं क्योंकि अंत में साधना ही काम आती है।

4

बागों ना जा रे ना जा, तेरी काया में गुलजार।
सहस-कँवल पर बैठ के तू देखे रूप अपार॥

अरे, बाग़ों में क्या मारा-मारा फिर रहा है। तेरी अपनी काया (अस्तित्व) में गुलज़ार (उपवन, वाटिका) है। हज़ार पँखड़ियों वाले कमल पर बैठकर तू (ईश्वर का) अपरंपार रूप देख सकता है।

5

अवधू, माया तजी न जाई।
गिरह तज के बस्तर बाँधा, बस्तर तज के फेरी॥
काम तजेतें क्रोध न जाई, क्रोध तजेतें लोभा।
लोभ तजे अहँकार न जाई, मान-बड़ाई-सोभा॥
मन बैरागी माया त्यागी, शब्द में सुरत समाई।

कहैं कबीर सुनो भाई साधो, यह गम बिरले पाई॥

अवधू! माया को तज देना कितना मुश्किल है। घर को छोड़कर जोगिया वेश धारण किया। उसे भी छोड़ा तो फेरी के फ़क़ीर बन गए। काम (कामनाओं) से छुटकारा पाया तो क्रोध बाक़ी रह गया और क्रोध को छोड़ा तो लोभ ने आ घेरा। लोभ को तज दिया तो अहंकार ने सिर उठाया। जब माया को त्यागकर मन बैरागी हो जाता है तब भी शब्दों का फेर बाक़ी रह जाता है (यानी शास्त्रों में उलझा रहता है)। कबीर कहते हैं, भाई साधु सुनो, मुक्ति का रास्ता कम ही लोगों को मिल सका है।

6

चंदा झलकै यदि घट माहीं। अंधी आँखन सूझै नाहीं॥
यहि घट चंदा यहि घट सूर। यहि घट गाजै अनहद तूर॥
यहि घट बाजै तबल-निसान। बहिरा शब्द सुनै नहि कान॥
जब लग मेरी मेरी करै। तब लग काज एकौ नहिं सरै॥
जब मेरी ममता मर जाय। तब लग प्रभु काज सँवारै आय॥
ज्ञान के कारन करम कमाय। होय ज्ञान तब करम नसाय॥
फल कारन फूलै बनराय। फल लागे पर फूल सुखाय॥
मृगा पास कस्तूरी बास। आप न खोजै खोजै घास।

इसी घट (शरीर) में चाँद झलकता है लेकिन अंधी आँखों को दिखाई नहीं देता। इसी घट में चाँद है और इसी घट में सूरज और इसी घट में अनहद तूर (अनाहत ध्वनि) सुनाई देता है। इसी घट में ढोल और डंके बज रहे हैं लेकिन बहरे कानों को कुछ सुनाई नहीं देता। जब तक आदमी मेरी-मेरी करता रहता है तब तक कोई काम नहीं बनता। जब यह अहंकार मिट जाता है तब भगवान स्वयं आकर हर काम को सँवार देते हैं। कर्म का उद्देश्य केवल ज्ञान है लेकिन ज्ञान के आते ही कर्म बेकार हो जाता है, जैसे फूल फल पैदा करने के लिए खिलता है लेकिन यही फल लगने के बाद फूल मुरझा जाता है। कस्तूरी हिरन की नाभि में होती है लेकिन वह उसे अपने शरीर के बजाय घास में खोजता फिरता है।

7

साधो, ब्रह्म अलख लखाया, जब आप आप दरसाया।
बीज-मद्ध ज्यों बृच्छा दरसै, बृच्छा मद्धे छाया॥
ज्यों नभ-मद्धे सुन्न देखिये, सुन्न अनन्त आकारा।
नि:अच्छरते अच्छर तैसे, अच्छर छर बिस्तारा॥
ज्यों रबि-मद्धे किरन देखिये, किरन मद्ध परकासा।
परमातम में जीव ब्रह्म इमि, जीव-मद्ध तिमि स्वाँसा॥
स्वाँसा-मद्धे शब्द देखिये, अर्थ शब्द के माहीं।
ब्रह्मते जीव जीवते मन यों, न्यारा मिला सदा ही॥
आपहि बृच्छ बीज अंकूरा, आप फूल-फल छाया।
आपहि सूर किरन परकासा, आप ब्रह्म जिउ माया॥
अनन्ताकार सुन्न नभ आपै, स्वाँस शब्द अरथाया।
नि:अच्छर अच्छर छर आपै, मन जीव ब्रह्म समाया॥
आतम में परमातम दरसै परमातम में झाँई।
झाँई में परछाईं दरसै, लखै कबीरा साँई॥

साधु, जब ब्रह्म ने अपने-आप को प्रकट किया तो हमें वह सब भी दिखाई देने लगा जो हम अपनी आँखों से नहीं देख सकते। जैसे बीज में वृक्ष दिखाई देता है और वृक्ष में छाया, जैसे आकाश में शून्य दिखाई देता है और शून्य में अनन्त आकार, उसी तरह अक्षर (अविनाशी, असीमित) के गर्भ से अक्षर निकलता है और अक्षर के गर्भ से निकलकर क्षर (सीमित) फैल जाता है। जैसे सूरज में किरण दिखाई देती है और किरण में प्रकाश, उसी तरह परमात्मा में जीव और जीव में साँस और साँस में शब्द और शब्द में अर्थ झलकते हैं। ब्रह्म में जीव है और जीव में ब्रह्म। दोनों अलग-अलग हैं और दोनों एक हैं। वह स्वयं बीज है, स्वयं ही वृक्ष है और स्वयं ही अंकुर, फूल-फल और छाया है। वह स्वयं ही सूरज है, स्वयं ही किरण है और स्वयं ही रौशनी। वह स्वयं ही ब्रह्म है, स्वयं ही जीव है और स्वयं ही माया। वह स्वयं ही शून्य का अनंत विस्तार है, स्वयं ही आकाश है, स्वयं ही साँस है, स्वयं ही शब्द है और स्वयं ही अर्थ। वह स्वयं ही क्षर है और स्वयं ही अक्षर और स्वयं ही क्षर-अक्षर से परे है। वह ब्रह्म और जीव के अंदर समाया हुआ मन है। आत्मा में परमात्मा दिखाई देता है, परमात्मा में झाँई; इसी झाँई में परछाईं दिखाई देती है और कबीर इसी को देखने में लीन हैं।

8

इस घट अन्तर बाग-बगीचे, इसी में सिरजनहारा।
इस घट अन्तर सात समुन्दर, इसी में नौ लख तारा।
इस घट अन्तर पारस मोती, इसी में परखनहारा।
इस घट अन्तर अनहद गरजै, इसी में उठत फुहारा।
कहत कबीर सुनो भई साधो, इसी में साँई हमारा॥

इसी घट में बाग़-बगीचे खिले हैं और इसी में उनका सृजनहार है। इसी घट में सात समुद्र हैं और इसी में नौ लाख तारे। इसी में पारस और मोती हैं और इसी में परखने वाले। इसी घट में अनाहत नाद गूँज रहा है और इसी में फुहारें फूट रही हैं। कबीर कहते हैं, सुनो भाई साधु, इसी घट में हमारा साँई (स्वामी) है।

9

ऐसा लो नहिं तैसा लो, मैं केहि बिधि कथौं गँभीरा लो।
भीतर कहूँ तो जगमय लाजै, बाहर कहूँ तो झूठा लो॥
बाहर-भीतर सकल निरन्तर, चित्त अचित दोउ पीठा लो।
दृष्टि न मुष्टि परगट अगोचर, बातन कहा न जाई लो॥

मैं इस गंभीर रहस्य का कैसे वर्णन करूँ, कैसे कहूँ कि वह ऐसा है या वैसा है। अगर मैं कहूँ कि वह मेरे अंदर है तो सारा जग शरमा जाए, और अगर यह कहूँ कि वह मुझसे बाहर है तो बात झूठी हो जाएगी। अंदर और बाहर की शक्लें एक-दूसरे से अलग नहीं की जा सकतीं। चित्त और अचित्त (चेतन और अचेतन) उसके दो पक्ष हैं। न वह दिखाई देता है न हाथ से पकड़ा जा सकता है; न वह प्रगट है न अगोचर (अप्रत्यक्ष)। वह क्या है, यह बताने के लिए शब्द नहीं हैं।

10

तोहिं मोरि लगन लगाये रे फकिरवा।
सोवत ही मैं अपने मन्दिर में,
सब्दन मारि जगाये रे फकिरवा।
बूड़त ही भव के सागर में

बहियाँ पकरि समुझाये रे फकिरवा।
एकै बचन बचन नहिं दूजा
तुम मोसे बंद छुड़ाये रे फकिरवा।
कहैं कबीर सुनो भाई साधो,
प्रानन प्रान लगाये रे फकिरवा।

तूने ही मुझमें अपनी यह लगन लगाई है, ऐ फ़क़ीर। मैं तो अपने मंदिर में सो रही थी, ऐ फ़क़ीर तेरे शब्दों की चोट ने मुझे जगा दिया। मैं इस भव-सागर में डूब रही थी, ऐ फ़क़ीर तूने मेरी बाँह पकड़कर मुझे बाहर निकाल लिया। बात एक ही है, ऐ फ़क़ीर, तूने मुझे सारे बंधनों से छुटकारा दिला दिया। कबीर कहते हैं, सुनो भाई साधु, तूने मेरे दिल से अपना दिल मिला दिया है, ऐ फ़क़ीर।

11

निस-दिन खेलत रही सखियन सँग,
मोहि बड़ा डर लागे।
मोरे साहब की ऊँची अटरिया,
चढ़त में जियरा काँपे॥
जो सुख चहै तो लज्जा त्यागे,
पियासे हिलमिल लागे॥
घूँघट खोल अंग भर भेंटे,
नैन आरती साजे॥
कहैं कबीर सुनो सखि मोरी,
प्रेम होय सो जाने।
निज प्रीतम की आस नहीं है,
नाहक काजर पारे॥

मैं तो दिन-रात अपनी सखियों के साथ खेलती थी और अब मुझे बड़ा डर लग रहा है। मेरे साहब की अटारी बहुत ऊँची है और उस पर चढ़ते हुए जी काँपता है। (लेकिन प्रेम का तक़ाज़ा कुछ और ही है।) सुख (प्रणय सुख) के लिए लाज छोड़नी होगी, मैं पिया से घुल-मिल जाऊँगी, घूँघट हटाकर उसे अंग भरकर लिपटा लूँगी और आँखें आरती उतारेंगी। सुनो मेरी सखी, कबीर कहते हैं कि जिसने प्रेम किया हो वही इस सुख को जाने, जिसे अपने प्रियतम से मिलने की आस ही न हो वह काजल पारके क्या करेगी। (काजल पारना दिखावटी रीत है, वास्तव में प्रणय सुख असली चीज़ है।)

12

हंसा करो पुरातन बात।
कौन देस से आया हंसा, उतरना कौन घाट।
कहाँ हंसा बिसराम किया है, कहाँ लगाये आस॥
अबहीं हंसा चेत सबेरा, चलो हमारे साथ।
संसय-सोक वहाँ नहिं ब्यापै नहीं काल कै त्रास॥
हिआँ मदन-बन फूल रहे हैं, आवे सोहँ बास।
मन भौंरा जिहँ अरुझ रहे हैं, सुख की ना अभिलास॥

ऐ हंस, अपनी पुरानी कहानी सुनाओ। तुम किस देश से आए हो, ऐ हंस, और किस घाट उतरोगे। तुम कहाँ आराम करोगे, ऐ हंस, और तुम्हें किसकी खोज है। अभी सवेरा है, ऐ हंस, अब भी चेत जाओ और हमारे साथ चलो। एक ऐसी जगह है जहाँ शोक और संशय का नाम नहीं है, मौत का डर नहीं है। वहाँ कामदेव का वन फूल रहा है और ब्रह्म के साथ जीव की अभिन्नता की सुगंध फैली हुई है; वहाँ मन का भँवरा मस्ती में गुंजन कर रहा है। इसके बाद किसी और सुख की अभिलाषा नहीं है।

13

अनगढ़िया देवा, कौन करै तेरी सेवा।
गढ़े देव को सब कोई पूजै, नित ही लावै सेवा।
पूरन ब्रह्म अखंडित स्वामी, ताको न जानै भेवा।
दस औतार निरंजन कहिए, सो अपना ना होई।
यह तो अपनी करनी भोगैं, कर्ता और हि कोई।
जोगी जती तपी संन्यासी, आप आपमें लड़ियाँ।
कहैं कबीर सुनो भाई साधो, राग लखै सो तरियाँ॥

अनगढ़ देवता, तुझे मूर्ति का रूप नहीं दिया जा सकता, तेरी सेवा कौन करेगा। हर एक अपने हाथों से बनाए हुए देवता को पूजता है और उसकी सेवा करता है, लेकिन वह जो पूर्ण है, जो ब्रह्म है, जो अखंडित है उसका नाम कोई नहीं लेता। ये लोग दस अवतारों को मानते हैं जो मन से गढ़े गए हैं, लेकिन कोई अवतार निरंजन (ईश्वर) नहीं है। ये तो अपनी-अपनी करनी भोग रहे हैं, करने वाला तो और ही कोई है। जोगी, तपस्वी और संन्यासी सब आपस में लड़ रहे हैं। कबीर कहते हैं, सुनो भाई साधु, जिसने प्रेम (राग) को देखा है वह तर गया है।

14

दरियाव की लहर दरियाव है जी
  दरियाव और लहर में भिन्न कोयम्।
उठे तो नीर है बैठे तो नीर है
  कहो जो दूसरा किस तरह होयम्॥
उसी का फेरके नाम लहर धरा
  लहर के कहे क्या नीर खोयम्।
जक्त ही फेर जब जक्त परब्रह्म में
  ज्ञान कर देख माल गोयम्॥

दरिया की लहर भी दरिया है, दरिया और उसकी लहर में कोई अंतर नहीं। लहर उठे तो भी पानी है, बैठे तो भी पानी है, फिर यह बताओ कि भेद कहाँ है। पानी का नाम बदलकर लहर रख दिया तो क्या पानी खो गया। मन की आँखें हों तो देखो, ब्रह्म के अस्तित्व में एक जगत के बाद दूसरे जगत का क्रम इस तरह चल रहा है जैसे जप की माला के दाने चल रहे हों।

15

जहाँ खेलत बसन्त रितुराज
  जहाँ अनहद बाजा बजै बाज।
चहुँ दिसि जोति की बहै धार
  बिरला जन कोई उतरै पार।
कोटि कृष्ण जहँ जोड़ें हाथ
  कोटि विष्णु जहँ नावैं माथ।
कोटिन ब्रह्मा पढ़ैं पुरान
  कोटि महेश धरैं जहँ ध्यान।
कोटि सरस्वती जहँ धरैं राग
  कोटि इन्द्र जहँ गगन लाग।
सुर-गंधर्व-मुनि गनै न जायँ
  जहँ साहब प्रगटे आय आय।
चोबा चन्दन और अबीर
  पुहप-वास रस रह्यो गँभीर।

जहाँ ऋतुराज वसंत खेल रहा है, जहाँ अनहद बाजा बज रहा है, चारों ओर

प्रकाश की नदियाँ बह रही हैं, बहुत कम लोग उसके पार उतर सकते हैं; करोड़ों कृष्ण जहाँ हाथ जोड़े खड़े हैं, करोड़ों विष्णु जहाँ माथा टेकते हैं, करोड़ों ब्रह्मा पुराण पढ़ रहे हैं, करोड़ों महेश जहाँ ध्यान में लीन हैं, करोड़ों सरस्वतियाँ अपनी वीणा बजाने में मगन हैं, करोड़ों इंद्र जहाँ आकाश में फैले हुए हैं, जहाँ अनगिनत देवता, गंधर्व और मुनि हैं, वहाँ मेरे साहब ने अपने आपको प्रगट किया है और सारी सृष्टि में चंदन, अबीर और फूलों की सुगंध बसी हुई है।

16

जहँ चेत-अचेत खंब दोउ मन रच्या है हिंडोर।
तहँ झूलैं जीव जहान, जहँ कतहुँ नहि थिर ठौर।
और चन्द-सूर दोऊ झूलैं नाहीं पावैं अन्त।
चौरासी लच्छहु जिव झूलैं झूलैं रवि-ससि धाय।
कोटिन कल्प जुग बीतिया आने न कबहुँ हाय।
धरनी अकासहु दोऊ झूलैं झूलैं पवनहुँ नीर।
धरि देह हरि आपहुँ झूलैं जो लखहीं दास कबीर।

जहाँ चेतन और अचेतन दो खंबे हैं वहाँ मन का हिंडोला हिल रहा है। वहाँ सारे जीव और सारे जहान झूल रहे हैं। चाँद और सूरज पेंगें ले रहे हैं, जिसका कोई अंत नहीं है। चौरासी लाख योनियों में भटकने वाले जीव झूल रहे हैं और चाँद-सूरज भाग-भागकर झूल रहे हैं। करोड़ों युग और कल्प बीत रहे हैं लेकिन उनके मुँह से कभी हाय नहीं निकलती। पृथ्वी और आकाश और हवा और पानी सब झूल रहे हैं। स्वयं हरि (विष्णु) बार-बार अवतार लेकर पेंगें बढ़ा रहे हैं और इस तमाशे को कबीरदास देख रहे हैं।

17

(1) ग्रह चंद्र तपन जोत बरत है
सुरत राग निरत तार बाजै।
नौबतिया घुरत है रैन दिन सुन्न में
कहैं कबीर पिउ गगन गाजै॥

सूरज, चाँद और सितारों के दीपक बुझ रहे हैं। प्रेम का राग वैराग्य के ताल और सुर पर ऊँचा उठ रहा है। शून्य में दिन-रात नौबत बज रही है। और,

कबीर कहते हैं, मेरा प्रीतम आकाश में बिजली की तरह चमक रहा है।

(2) क्षण और पलक की आरती कौनसी
रैन-दिन आरती बिस्व गावै।
घुरत निस्सान तहँ गैब की झालरा
गैब की घंटका नाद आवै।

वहाँ क्षण-भर की और पल-भर की आरती कहाँ, वहाँ तो सारा संसार रात-दिन आरती उतारता है और गीत गाता है। झिलमिलाती हुई ग़ैब की (रहस्यमयी, दैवी) झालर जगमगा रही है, ग़ैब के घंटों की आवाज़ आ रही है।

(3) कहें कबीर तहँ रैन-दिन आरती
जगत के तख्त पर जगत साँई॥
कर्म और भर्म संसार सब करत है
पीव की परख कोई प्रेमी जानै॥
सुरत औ' निरत धार मन में पकड़ कर
गंग और जमन के घाट आनै॥
नीर निर्मल तहाँ रैन-दिन झरत है
जनम औ' मरन तब अन्त पाई॥

कबीर कहते हैं कि वहाँ दिन और रात अपने दीपकों से आरती उतारते हैं और जगत के तख़्त पर जगत का स्वामी बैठा हुआ है। सारा संसार कर्म और भ्रम में फँसा हुआ है, ऐसे प्रेमी कम हैं जो प्रीतम को पहचानते हों। असली प्रेमी वह है जो अपने हृदय में प्रेम और वैराग्य की लहरों को इस तरह मिला लेता है जैसे गंगा और जमुना के धारे मिल जाते हैं। यह निर्मल पानी हमेशा बहता रहता है तब कहीं जाकर जन्म और मरण का अंत होता है।

(4) देख वोजूद में अजब बिसराम है
होय मौजूद तो सही पावै।
सुरत की डोर सुख-सिध का झूलना
घोर की सोर तँह नाद गावै।
नीर-बिन कँवल तहँ देख अति फूलिया
कहैं कबीर मन भँवर छावै।

देख, अस्तित्व (वजूद) में कैसा आराम है। इसका आनंद वही उठा सकता है जो अस्तित्व को अनुभव कर सके। प्रेम की डोरियाँ हैं और सुख के सागर

का झूला है जो पेंगें ले रहा है। शब्द वहाँ बादलों की तरह गरज रहे हैं, एक भव्य गीत (नाद) गूँज रहा है। वहाँ बिना पानी के कमल खिला हुआ दिखाई देता है और कबीर कहते हैं कि मन का भँवरा उसका रस पी रहा है।

(5) चक्र के बीज में कँवल अति फूलिया तासुका मुक्ख कोइ सन्त जानै।
शब्द की घोर चहुँ ओर तहँ होत है असीम समुंदर की सुक्ख मानै।
कहैं कबीर यों डूब सुख-सिंध में जन्म और मरन का भर्म भानै।

सृष्टि के चक्र के बीच में कैसा सुंदर कमल खिला हुआ है। इसका आनंद कुछ संत ही उठा सकते हैं (जिनकी आत्मा पवित्र है), शब्द की घटाएँ चारों ओर छायी हुई हैं और दिल एक अथाह सागर के सुख में डूबा हुआ है। कबीर कहते हैं कि इस सुख-सागर में इस तरह डूब जाओ कि ज़िंदगी और मौत का भ्रम बाक़ी न रह जाए।

(6) पाँच की प्यास तहँ देख पूरी भई तीन की ताप तहँ लगै नाहीं।
कहैं कबीर यह अगम का खेल है गैब का चाँदना देख माहीं।
जनम-मरन जहाँ तारी परत है होत आनंद तहँ गगन गाजै।
उठत झनकार तहँ नाद अनहद घुरै तिरलोक-महल के प्रेम बाजै।

देखो, वहाँ पाँचों विषयों (शब्द, स्पर्श, रूप, रस, गंध) की प्यास बुझ गई है और तीनों दुखों का ताप उतर गया है। यह अगम का खेल है। देखो, तुम्हारे अस्तित्व में ग़ैब की चाँदनी है। वहाँ ज़िंदगी और मौत की तालियाँ दिन-रात बज रही हैं। आनंद की ध्वनियों से आकाश गूँज उठा है, अनहद नाद की झंकार सुनाई दे रही है और तीनों लोक के प्रेम के बाजे बज रहे हैं।

(7) चन्द्र-तपन कोटि दीप बरत हैं तूर बाजै तहाँ सन्त झूलै।
प्यार झनकार तहँ नूर बरसत रहै रस पीवै तहँ भक्त झूलै।

चाँद और सूरज के करोड़ों दीप जल रहे हैं, नक़्क़ारे बज रहे हैं और संत (प्रेमी) पेंग बढ़ा रहे हैं। प्रेम का गीत गूँज रहा है, नूर (दैवी ज्योति) बरस रहा है और भक्त भक्ति का रस पीकर झूम रहा है।

(8) जनम-मरन बीच देख अन्तर नहीं
दच्छ और बाम यूँ एक आहीं।

कहैं कबीर या सैन गूँगा तँई
बेद कत्तेब की गम्म नाहीं॥

जीवन और मृत्यु के बीच कोई अंतर नहीं है। दाहिना और बायाँ हाथ एक ही हैं। कबीर कहते हैं कि यहाँ बड़े से बड़ा मर्मज्ञानी भी गूँगा हो जाता है। यह वह सच्चाई है जो वेदों और किताबों में नहीं मिलती। (केवल अनुभव की जाती है।)

(9) अधर आसन किया अगम प्याला पिया
जोग की मूल जग जुगुति पाई।
पंथ बिन जाय चल सहर बेगमपुरे
दया जगदेव की सहज आई।
ध्यान धर देखिया नैन-बिन पेखिया
अगम अगाध सब कहत गाई।
सहर बेगमपुरा गम्म को ना लहै।
होय बेगम्म जो गम्म पावै।
गुना की गम्म ना अजब बिसराम है
सैन जो लखै सोइ सैन गावै।

मैंने शून्य के आसन पर बैठकर अगम का प्याला पिया। अब मैं मर्मज्ञानी हूँ और राह के बिना चलकर मैं उस शहर में पहुँच गया हूँ जहाँ कोई दुख नहीं है। जगदेव की कृपादृष्टि सहज ही मिल गई है। मैंने ध्यान धरके देखा तो वह बिना आँखों के नज़र आ गया जिसे सब लोग अगम और अगाध कहते हैं। यह स्थान दुखों से मुक्त है। यहाँ पहुँचने का कोई रास्ता नहीं है लेकिन जिसने ग़म पाया वही बे-ग़म हो गया। यहाँ अजब आराम है। जिसने यह स्थान देखा है वही ज्ञानी है, ज्ञानी वही है जिसने उसका गीत गाया है।

(10) मुक्ख बानी तिको स्वाद कैसे कहै
स्वाद पावै सोइ सुक्ख मानै।
कहैं कबीर या सैन गूँगा तँई
होय गूँगा जोई सैन जाने।

यह परम सत्य है लेकिन इसका सुख-वर्णन कैसे किया जाए। जिसने इसका आनंद लिया है वही इस स्वाद को जानता है। कबीर कहते हैं कि इसका स्वाद लेने के बाद अज्ञानी ज्ञानी बन जाता है और ज्ञानी चुप हो जाता है।

(11) छक्याँ अवधूत मस्तान माता रहै
ज्ञान-बैराग्य सुधि लिया पूरा।
स्वाँस-उस्वाँस का प्रेम प्याला पिया
गगन गरजै तहाँ बजै तूरा॥

अवधूत (जोगी) नशे में चूर है। ज्ञान और वैराग्य अपनी चरमावस्था को पहुँच गए हैं। आती-जाती साँस का प्रेम-प्याला उसने पिया है। सारा आकाश संगीत से भरा हुआ है।

(12) बिन कर ताँतिया नाद गाता रहै
जतन जरना लिया सदा खेलै।
कहैं कबीर प्रान प्रान-सिंध में मिलावै
परम सुखधाम तहँ प्रान मेलै॥

बिना हाथ और वीणा (तंत्री) के नाद गूँज रहा है। सुख और दुख का खेल जारी है। कबीर कहते हैं कि जो कोई अपनी ज़िंदगी को ज़िंदगी के समुद्र में मिला देता है उसकी आत्मा महा आनंद में लीन हो जाती है।

(13) आठहू पहर मतवाल लागी रहै
आठहू पहर की छाक पीवै।
आठहू पहर मस्तान माता रहै
ब्रह्म के देह में भक्त जीवै।

आठों पहर का मतवालापन है, आठों पहर जाम पर जाम चल रहे हैं। आठों पहर सरमस्ती छायी रहती है। ब्रह्म के शरीर में भक्त जीवित है।

(14) साँच ही कहत और साँच ही गहत है
काँच कूँ त्यागकर साँच लागा।
कहैं कबीर यूँ भक्त निर्भय हुआ
जन्म और मरन का भर्म भागा।

सच ही कहता है और सच ही को अपनाता है। झूठी चमक-दमक को छोड़कर सच ही का साथ देता है। कबीर कहते हैं कि इस तरह भक्त निडर हो जाता है तो जीवन-मरण का भ्रम बाक़ी नहीं रहता।

(15) गगन गरज तहाँ सदा पावस झरै
होत झनकार नित बजत तूरा।
गगन के भवन में गैब का चाँदना
उदय और अस्त का नाँव नाहीं।
दिवस और रैन तहँ नेक नहिं पाइये
प्रेम, परकास के सिंध माहीं॥

वहाँ आकाश गूँजता है और नूर (ज्योति) की वर्षा होती रहती है, तारों में झंकार होती है और नक़्क़ारे बजते हैं। गगन के महल में ग़ैब की चाँदनी (दिव्य ज्योति) फैली हुई है, उदय और अस्त का नाम भी नहीं है। प्रेम का प्रकाश एक सागर है जिसमें दिन और रात का नाम नहीं।

(16) सदा आनंद दुख-दन्द ब्यापै नहीं
पूरनानंद भरपूर देखा।
भर्म और भ्रांति तहँ नेक नहिं पाइये
कहैं कबीर रस एघ पेखा॥

केवल आनंद ही आनंद है, न दुख है, न द्वंद्व। वहाँ मैंने भरपूर आनंद देखा है। वहाँ भ्रम की कोई गुंजाइश नहीं है। कबीर कहते हैं कि वहाँ सिर्फ़ एक रस दिखाई देता है।

(17) खेल ब्रह्माण्ड का पिंड में देखिया
जगत की भरमना दूर भागी।
बाहरा-भीतरा एक आकासवत
धरिया में अधर भरपूर लागी॥

मैंने अपने पिंड (शरीर) में ब्रह्मांड का खेल देखा है और मुझे इस संसार के भ्रमों से मुक्ति मिल गई है। बहिर्मुखी और अंतर्मुखी प्रवृत्तियाँ मिलकर एक आकाश बन गई हैं। सीमित और असीम दोनों एक हो गए हैं।

(18) देख दीदार मस्तान मैं होय रह्या
सकल भरपूर है नूर तेरा।
ज्ञान का थाल और प्रेम दीपक अहै
अधर आसन किया अगम डेरा।
कहैं कबीर तहँ भर्म भासे नहीं
जनम और मरन का मिटा फेरा॥

मैं दीदार (दर्शन) की शराब से मस्त हो गया हूँ। तेरा नूर (ज्योति) भरपूर प्रकट हुआ है। ज्ञान की थाली में प्रेम का दीपक जल रहा है। शून्य के आसन पर साधना का डेरा है। कबीर कहते हैं कि वहाँ भ्रम का अस्तित्व नहीं है और जीवन-मरण का चक्कर ख़त्म हो चुका है।

18

मद्ध अकास आप जहँ बैठे, जोत सब्द उजियारा हो।
सेत सरूप राग जहँ फूलै, साँई करत बिहारा हो।
कोटिन चन्द-सूर छिप जैहैं, एक रोम उजियारा हो।
वही पार एक नगर बसतु है, बरसत अमृत-धारा हो।
कहैं कबीर सुनो ध्रमदासा, लखो पुरुष दरबारा हो॥

बीच आकाश में जहाँ स्वयं भगवान विराजमान हैं, ज्योति-सम शब्द का उजाला है, जहाँ उज्ज्वल राग फूलों की तरह खिल रहा है, जहाँ प्रभु विहार करते हैं। उसके एक रोम के प्रकाश के आगे करोड़ों चाँद-सूरज की रोशनी मंद पड़ जाती है। उस पार एक नगर बसा हुआ है जहाँ हर समय अमृत की धार बरस रही है। कबीर कहते हैं कि ऐ धर्म के पुजारियो, आओ और मेरे प्रभु का दरबार देखो।

19

परमातम गुरु निकट बिराजैं
जाग जाग मन मेरे।
धायके पीतम चरनन लागै
साँई खड़ा सिर तेरे।
जुगन जुगन तोंहिं सोबत बीता
अजहुँ न जाग सबेरे।

देख, परमात्मा-रूपी गुरु तेरे पास ही है। ऐ मेरे मन, अब तू जाग जा, दौड़कर प्रीतम के पैर छू ले। देख, तेरा साँई तेरे सिरहाने खड़ा हुआ है। तुझे सोते-सोते युग बीत गए। क्या आज की सुबह भी तेरी नींद नहीं खुलेगी।

20

मन, तू पार उतर कहँ जैहौ।
आगे पंथी पंथ न कोई, कूच-मुकाम न पैहौ।
नहिं तहँ नीर, नाव नहि खेवट, ना गुन खैंचनहारा।
धरनी-गगन-कल्प कछु नाहीं, ना कछु वार न पारा।
नहिं तन, नहिं मन, नहीं अपनपौ सुन्न में सुद्ध न पैहौ।
बलीवान होय पैठो घट में, वाहीं ठौरें होइहौ।
बार हि बार बिचार देख मन, अंत कहूँ मत जैहौ।
कहैं कबीर सब छाड़ि कलपना, ज्यों के त्यों ठहरैहौ॥

ऐ मेरे दिल, तू पार उतरकर कहाँ जाएगा। तेरे सामने न तो कोई राही है न कोई राह। न कूच है न पड़ाव। वहाँ न तो पानी है, न कोई नाव, न खेवनहारा। नाव को बाँधने के लिए रस्सी भी नहीं है और कोई उसे किनारे खींचने वाला भी नहीं है। पृथ्वी, आकाश, कल्प (काल) कुछ भी नहीं है। आर-पार कुछ नहीं है—न तन है, न मन, न कोई ऐसी जगह जहाँ आत्मा की प्यास बुझ सके। शून्य के निर्जन विस्तार में कुछ भी तो नहीं है। हिम्मत से काम ले और अपने घट में प्रवेश कर (देखिए पद 6) वहीं कोई ठौर-ठिकाना मिलेगा। अच्छी तरह सोच ले, ऐ मन, कहीं और न जाना। कबीर कहते हैं कि कल्पना को छोड़-छाड़कर अपने अस्तित्व में लीन हो जा।

21

घर घर दीपक बरै, लखै नहिं अन्ध है।
लखत लखत लखि परै, कटै जम फन्द है॥
कहन-सुनन कछु नाहिं, नहीं कछु करन है।
जीते जी मरि रहै, बहुरि नहिं मरन है॥
जोगी पड़े बियोग, कहैं घर दूर है।
पासहिं बसत हजूर, तू चढ़त खजूर है॥
बाम्हन दिच्छा देता घर घर बालि है।
मूर सजीवन पास, तू पाहन पालि है॥
ऐसन साहब कबीर सलोना आप है।
नहीं जोग नहीं जाप पुन्न नहीं पाप है॥

घर-घर दीप जल रहा है (हर व्यक्ति के अंदर भगवान की ज्योति है) लेकिन

अंधी आँखों को दिखाई नहीं देता। देखने की कोशिश हो तो एकदम आँखें खुल जाएँगी और मौत के फंदे कट जाएँगे। कहने-सुनने और करने को कुछ नहीं है। जो जीते जी मर गया (जिसने कामनाओं को त्याग दिया) वह दुबारा नहीं मरेगा। जो योगी भगवान को न अपनाकर वियोग में पड़ा रहता है वह कहता है कि घर दूर है। हुज़ूर (भगवान) तो पास ही मौजूद हैं और तू खजूर के पेड़ पर चढ़कर ढूँढ़ रहा है। ब्राह्मण घर-घर जाकर मंत्र सिखाता है और लोगों को चौपट करता है। संजीवनी धारा तो तेरे अंदर बह रही है और तू पत्थर को पूज रहा है। कबीर, अपना साहब (प्रभु) तो ऐसा सलोना है कि उसके सामने योग, जप-तप, पुण्य और पाप सब बेकार हैं।

22

साधो, सो सतगुरु मोंहि भावै।
सत्त प्रेम का भर भर प्याला, आप पिवै मोंहि प्यावै।
परदा दूर करै आँखिन का, ब्रह्म दरस दिखलावै।
जिस दरसन में सब लोक दरसै, अनहद सब्द सुनावै।
एकहि सब सुख-दुख दिखलावै, सब्द में सुरत समावै।
कहैं कबीर ताको भय नाहीं, निर्भय पद परसावै।

साधु, मुझे तो वह सच्चा गुरु प्यारा है जो सच्चाई के प्याले भर-भरकर खुद भी पीता है और मुझे भी पिलाता है। वह आँखों के परदे उठा देता है और ब्रह्म के दर्शन करा देता है। ब्रह्म के दर्शन में सभी लोकों के दर्शन हो जाते हैं और अनहद शब्द सुनाई देता है। वहाँ दुख-सुख एक हो जाते हैं और हर शब्द प्रेम-रस से भर जाता है। कबीर कहते हैं कि जिसको मार्ग दिखाने वाला ऐसा गुरु मिल जाए उसे कोई ग़म नहीं।

23

तिंविर साँझ का गहिरा आवै, छावै प्रेम मन-तन में।
पच्छिम दिस की खिड़की खोलो, डूबहु प्रेम-गगन में।
चेत-कँवल-दल रस पीयो रे, लहर लेहु या तन में।
संख घंट सहनाई बाजै, सोभा-सिंध महल में।
कहैं कबीर सुनो भाई साधो, अमर साहब लख घट में।

संध्याकाल की परछाइयाँ गहरी हो रही हैं और प्रेम तन-मन पर छा गया है।

पश्चिम की खिड़की खोल दो और प्रेम-गगन में डूब जाओ। मन के कमल का रस पियो और लहरों को अपने शरीर में समो लो। समुद्र की तरह लहरें लेते हुए शोभा (रूप) के महल में शंख, घंटे और शहनाइयाँ बज रही हैं। भाई साधु सुनो, कबीर कहते हैं कि अमर साहब (प्रभु) हमारे घट (शरीर) में है, उसे वहीं देखो।

24

जिससे रहनि अपार जगत में, सो प्रीतम मुझे पियारा हो।
जैसे पुरइन रहि जल-भीतर, जलहि में करत पसारा हो।
वाके पानी पत्र न लागै, ढलकि चलै उस पारा हो।
जैसे सती चढ़े अगिन पर, प्रेम-वचन ना टारा हो।
आप जरै औरनि को जारै, राखै प्रेम-मरजादा हो।
भवसागर इक नदी अगम है, अहद अगाह धारा हो।
कहैं कबीर सुनो भाई साधो, बिरले उतरे पारा हो।

मुझे वह प्रीतम प्यारा है जो इस संसार में अनंत काल तक इस तरह रखे, जैसे कमल का पत्ता पानी में रहता है, पानी ही में अपनी हथेली फैलाता है लेकिन पानी उसे भिगो नहीं सकता और पारे की तरह ढलक जाता है (इसी तरह मैं संसार में रहकर संसार के मोह में नहीं फँसता)। जैसे सती प्रेम-वचन नहीं तोड़ती और आग में कूद जाती है, खुद जलती है औरों को जलाती है (शोक में डुबोती है) लेकिन प्रेम की मर्यादा रख लेती है (मैं वैसे ही संसार की आग में जलता हूँ)। संसार का सागर बहुत गहरा और अथाह है। सुनो भाई साधु, कबीर कहते हैं कि कम ही लोग इसे पार करके दूसरे किनारे तक पहुँच सकते हैं।

25

हरि ने अपना आप छिपाया।
हरि ने नफीज कर दिखराया॥
हरि ने मुझे कठिन बिच घेरी।
हरि ने दुबिधा काटी मेरी॥
हरि ने सुख-दुख बतलाये।
हरि ने सब दुंद मिटाये॥

ऐसे हरि पै तन-मन वारूँ,
प्राणहिं तजूँ हरि नहीं बिसारूँ॥

हरि ने अपने अस्तित्व को छुपाया और फिर बड़े सुचारु रूप से (नफीज=नफ़ीस) उसे प्रकट किया (वह सृष्टि के सौंदर्य के रूप में सामने आया)। हरि ने मुझे कठिनाई में फँसा दिया है और फिर हरि ने ही मेरी दुबिधा दूर की है। हरि ने सुख और दुख दोनों दिये हैं और हरि ने ही सारे द्वंद्व दूर किये हैं। ऐसे हरि पर मैं अपना तन-मन न्यौछावर कर दूँगा। मैं अपना प्राण दे सकता हूँ लेकिन हरि को भूल नहीं सकता।

26

ओंकार सबै कोई सिरजै, रागस्वरूपी अंग।
निराकार निर्गुन अबिनासी, कर वाही को संग॥
नाम निरंजन नैनन-मद्धे, नाना रूप धरंत।
निरंकार निर्गुन अबिनासी, अपार अथाह अंग॥
महासुक्ख मगन होई नाचै, उपजै अंग तरंग।
मन और तन थिर न रहतु हैं, महा सुक्ख के संग॥
सब चेतन सब अनन्द सब हैं दुःख गहन्त।
कहाँ आदि कहँ अन्त आप सुक्ख बिच धरंत॥

ओंकार ने, जो स्वयं राग-स्वरूप है, सबका सृजन किया है। वह निरंकार, निर्गुण और अविनाशी है। उसका नाम निरंजन है लेकिन आँखों में तरह-तरह के रूप धरकर समाता है। वह निरंकार है, निर्गुण है, अविनाशी है, उसका अंग (आकार) अपार और अथाह है। वह महासुख में मगन होकर नाचता है तो अंग-अंग तरंगित हो उठता है। उस महासुख के साथ मिलकर तन और मन स्थिर नहीं रह पाते। (उसका) हर अंग चेतन है और सुख-दुख को अनुभव करता है। उसका न कोई आदि है, न कोई अंत। वह अपने ही आनंद के अंदर से झलक रहा है।

27

सतगुरु सोई दया करि दीन्हा।
ताते अन-चिन्हार मैं चीन्हा॥

बिन पग चलना बिन पर उड़ना, बिना चूँच का चुगना।
बिन नैनन का देखन-पेखन, बिन सरवन का सुनना।
चंद न सूर दिवस नहिं रजनी, तहाँ सुरत लौ लाई।
बिना अन्न अंमृत-रस-भोजन, बिन जल तृषा बुझाई।
जहाँ हरस तँह पूरन सुख है, यह सुख कासौं कहना।
कहैं कबीर बल बल सतगुरु की, धन्न सिष्य का लहना।

यह मेरे सद्गुरु की कृपा है कि मैंने उसे पहचान लिया जिसे पहचाना नहीं जा सकता। इस ज्ञान का क्या कहना जिसमें बिना पैरों के चलते हैं, बिना परों के उड़ते हैं, बिना चोंच के चुगते हैं, बिना आँखों के देखते हैं, बिना कानों के सुनते हैं। मेरा प्रेम मुझे वहाँ ले आया है जहाँ न चाँद है, न सूरज, न दिन है, न रात। अनाज नहीं है लेकिन अमृत रस का भोजन मिल रहा है, पानी नहीं है लेकिन प्यास बुझ रही है। जहाँ आनंद है, वहीं पूर्ण शांति है और यह आनंद अवर्णनीय है। कबीर कहते हैं कि ऐसे गुरु की बलिहारी। उसके शिष्य का भाग्य सराहनीय है।

28

निरगुन आगे सरगुन नाचै,
बाजै सोहँग तूरा।
चेला के पावँ गुरुजी लागैं,
यही अचम्भा पूरा॥

निर्गुण के आगे सगुण नाच रहे हैं। सोऽहं तूर (अनहद नाद) बज रहा है। सबसे बड़े अचंभे की बात यह है कि गुरु चेले के पैर छू रहा है।

29

प्रश्न

कबीर, कबसे भये बैरागी।
तुम्हारी सुरति कहाँ को लागी॥

उत्तर

बइचित्रा का मेला नाहीं, नहीं गुरू नहीं चेला।

सकल पसारा जिन दिन नाहीं, जिहि दिन पुरुष अकेला॥
गोरख, हम तबके अहैं बैरागी।
हमारी सुरति ब्रह्म सों लागी॥
ब्रमा नहिं जब टोपी दीन्ही, बिस्नु नहिं जब टीका।
सिव-सक्ती कै जनमै नाहीं, तबै जोग हम सीखा॥
कासी में हम प्रगट भये हैं, रामानंद चेताये।
प्यास अहद की साथ हम लाये, मिलन-करन को आये॥
सहजै सहजै मेला होइगा, जागी भक्ति उतंगा।
कहैं कबीर सुनो हो गोरख, चलो गीत के संगा॥

सवाल : कबीर तुम कब से बैरागी हुए? तुम किसके प्रेम में लीन हो?

जवाब : जब वैचित्र्य का मेला नहीं लगा था, जब एकता में अनेकता दिखाने वाले ने अपना खेल शुरू नहीं किया था, जब गुरु और चेले का अंतर नहीं था, जब पृथ्वी और आकाश का विस्तार नहीं था, जब पुरुष (परमात्मा) अकेला था, ऐ गोरखनाथ, कबीर तभी से बैरागी है। तभी से हम ब्रह्म के प्रेम में लीन हैं। हमने योग उस समय सीखा जब ब्रह्म के सिर पर ताज नहीं था, जब विष्णु का राजतिलक नहीं हुआ था, जब शिव की शक्ति पैदा नहीं हुई थी। हम काशी में प्रगट हुए और रामानंद ने हमें ज्ञान दिया। अनंत (अहद) की प्यास और उससे मिलने की तड़प हम साथ लाए थे। बड़ी आसानी से हमारा-उसका मिलन हो गया, और भक्ति का सागर उमड़ पड़ा। कबीर कहते हैं कि ऐ गोरखनाथ सुनो, उसके गीत के साथ-साथ बढ़े चलो।

30

या तरिवर में एक पखेरू, भोग सरस वह डोलै रे।
वाकी संध लखै नहिं कोई, कौन भाव सों बोलै रे।
दुर्म्म-डार तहँ अति घन छाया, पंछी बसेरा लेई रे।
आवै साँझ उड़ि जाय सबेरा, मरम न काहू देई रे।
सो पंछी मोंहि कोई न बतावै, जो बोले घट माँही रे।
अबरन-बरन रूप नहिं रेखा, बैठा प्रेम के छाँही रे।
अगम अपार निरंतर बासा, आवत-जात न दीसा रे।
कहै कबीर सुनो भाई साधो, यह कुछ अगम कहानी रे।
या पंछी के कौन ठौर है, बूझो पंडित ज्ञानी रे।

इस पेड़ पर एक चिड़िया है जो मीठा रस पीकर झूम रही है। कोई नहीं जानता कि वह कौन है, किसी को नहीं मालूम कि उसके गीत का क्या रहस्य है। जहाँ डालियों की छाया सबसे घनी है वहीं इस चिड़िया का बसेरा है। वह शाम को आती है और सुबह उड़ जाती है और अपना भेद किसी पर खुलने नहीं देती। कोई नहीं बताता कि वह कौन-सी चिड़िया है जो मेरे घट (शरीर) में बोल रही है। वह न तो रंगीन है, न बेरंग, न उसका कोई रूप है, वह प्रेम की छाँव में बैठी है। अगम और अपार विस्तार में निरंतर उसका वास है, उसे आते-जाते कोई नहीं देखता। कबीर कहते हैं कि सुनो भाई साधु, यह बड़ी रहस्यमयी कहानी है। इस पंछी का ठिकाना कहाँ है इसे कोई ज्ञानी पंडित ही बूझ सके तो बूझे।

31

निस-दिन सालै घाव, नींद आवै नहीं।
पिया-मिलन की आस, नैहर भावै नहीं॥
खुल गये गगन-किवाड़, मन्दिर उजियार भयो।
भयो है पुरुष से भेंट तन-मन वार दयो॥

एक घाव है जो रात-दिन रिसता रहता है। दर्द से नींद नहीं आती। पिया से मिलने के लिए दिल तड़प रहा है। माँ-बाप का घर अब अच्छा नहीं लगता। गगन (शून्य) का द्वार खुल गया है और (अनंत का) मंदिर प्रकाश से जगमगा उठा है। पुरुष (परमात्मा) से मेरा मिलन हो गया है और मैंने अपना तन-मन उस पर वार दिया है।

32

नाचु रे मेरे मन मत्त होय।
प्रेम को राग बजाय रैन-दिन शब्द सुने सब कोइ।
राहु-केतु नवग्रह नाचै जन्म जन्म आनंद होइ।
गिरी-समुन्दर धरती नाचैं, लोक नाचै हँस-रोइ।
छापा तिलक लगाइ बाँस चढ़, हो रहा जग से न्यारा।
सहस कला कर मन मेरो नाचै, रीझै सिरजनहारा।

ऐ मेरे मन, आज मस्त होकर नाच। रात-दिन प्रेम का राग बज रहा है और हर आदमी उसके मीठे बोल सुन रहा है। राहु-केतु और नौ ग्रह जन्म-जन्मांतर

के हर्षोल्लास के साथ नाच रहे हैं। पृथ्वी, पर्वत और समुद्र सब नाच रहे हैं और मनुष्य का यह संसार कभी हँसकर नाचता है, कभी रोकर। केवल छापा और तिलक लगाने वाले बाँस पर चढ़कर यह समझ रहे हैं कि वे संसार से (सृष्टि के इस नृत्य से) अलग हैं। मेरा मन हज़ार कलाओं के साथ नाच रहा है और उसके नाच पर स्वयं सृष्टि का रचयिता रीझ रहा है।

33

मन मस्त हुआ तब क्यों बोले।
हीरा पायो गाँठ गठियायो, बार बार वाको क्यों खोले।
हलकी थी तब चढ़ी तराजू, पूरी भई तब क्यों तोले।
सुरत-कलारी भई मतवारी, मदवा पी गई बिन तोले॥
हंसा पाये मानसरोवर, ताल तलैया क्यों डोले।
तेरा साहब है घर माहीं, बाहर नैना क्यों खोले।
कहैं कबीर सुनो भाई साधो, साहब मिल गये तिल ओले॥

मन मस्त हो गया तो अब बोलने की क्या ज़रूरत है। जब हीरा मिल गया और उसे गाँठ में बाँध लिया तो बार-बार उसे खोलकर देखने से क्या फ़ायदा। जब तराज़ू हलकी थी तो उसका पलड़ा ऊपर था। अब तराज़ू भरी हुई है तो तोलना बेकार है। प्रेम की मारी शराब बेचने वाली ऐसी मस्त हुई कि बिना नापे-तोले सारी शराब पी गई। हंस को मानसरोवर झील मिल गई है तो वह छोटे-छोटे तालाबों का चक्कर क्यों लगाए। जब तेरा मालिक (साहब) घर ही में है तो बाहर आँखें खोलने से क्या मिलेगा। सुनो भाई साधु, कबीर कहते हैं कि मेरा साहब (प्रभु) जो तिल की ओट में छुपा हुआ है मुझे मिल गया है।

34

मोंहि-तोंहि लागी कैसे छूटे।
जैसे कमलपत्र जल बासा,
    ऐसे तुम साहिब हम दासा॥
जैसे चकोर तकत निस चंदा,
    ऐसे तुम साहिब हम बंदा॥
मोंहि-तोंहि आदि-अन्त बन आई,

अब कैसे लगन दुराई॥
कहैं कबीर हमरा मन लागा,
जैसे सरिता सिंध समाई॥

मेरा और तेरा प्रेम कैसे ख़त्म हो सकता है। जैसे पानी पर कमल का पत्ता काँपता है वैसे तुम साहब (इष्टदेव) हो और मैं तुम्हारा दास हूँ। जैसे रात को चकोर चाँद को प्यार-भरी दृष्टि से देखता है वैसे ही तुम मालिक हो और मैं बंदा हूँ। मेरा और तुम्हारा प्रेम तो आदिकाल से चला आ रहा है और अंतकाल तक रहेगा। यह कैसे ख़त्म हो सकता है। कबीर कहते हैं कि जैसे नदी समुद्र में जा मिलती है हमारा दिल तुमसे लग गया है।

35

बालम, आवो हमारे गेह रे।
तुम बिन दुखिया देह रे।
सब कोई कहे तुम्हारी नारी, मोकों लागत लाज रे।
दिल से नहीं दिल लगाया, तब लग कैसा सनेह रे।
अन्न न भावै नींद न आवै, गृह-बन धरै न धीर रे।
कामिन को है बालम प्यारा, ज्यों प्यासे को नीर रे।
है कोई ऐसा पर-उपकारी, पिवसों कहै सुनाय रे।
अब तो बेहाल कबीर भयो है, बिन देखे जिव जाय रे॥

बालम, हमारे घर आओ। तुम्हारे बिना मेरा तन-मन दुखी है। सब लोग मुझे तुम्हारी दुल्हन (नारी) कहते हैं और मुझे लाज आती है। दिल से दिल तो लगाया ही नहीं है फिर यह कैसा प्रेम है। खाना-पीना भाता नहीं, नींद आती नहीं। दिल है कि बेचैन है, घर में, बन में कहीं भी चैन नहीं मिलता। प्रेमिका (कामिनी) को अपना बालम प्यारा है जैसे प्यासे को पानी। है कोई ऐसा परोपकारी जो पिया तक मेरा संदेश पहुँचा दे और कहे कि कबीर बेहाल हो रहा है, तुम्हें देखे बिना अब उसकी जान जा रही है।

36

जाग पियारी अब का सोवै।
रैन गई दिन काहे को खोवै॥
जिन जागा तिन मानिक पाया।

तैं बौरी सब सोय गँवाया॥
पिय तेरे चतुर तू मूरख नारी।
कबहुँ न पिय की सेज सँवारी॥
तैं बौरी बौरापन कीन्ही।
भर-जोबन पिय अपन न चीन्ही॥
जाग देख पिय सेज न तेरे।
तोहिं छाँड़ि उठि गये सबेरे॥
कहैं कबीर सोई धुन जागै।
शब्द-बान उर अंतर लागै॥

जाग, प्यारी, अब क्या सोती है। रात ख़त्म हो गई, अब दिन को क्यों खो रही है। जागने वालों ने हीरे-मोती समेट लिए। तूने, ऐ पगली, सोकर सब कुछ गँवा दिया। तेरे पिया समझदार (चतुर) हैं और तू मूर्ख नारी है। तूने कभी अपने पिया की सेज नहीं सँवारी। अरे पगली, तूने यह क्या पागलपन किया है कि भरा यौवन लेकर भी अपने पिया को नहीं पहचान सकी। आँख खोलकर देख। तेरी सेज पर पिया नहीं हैं। वह तुझे छोड़कर सवेरे ही सवेरे चले गए। कबीर कहते हैं कि सिर्फ़ वह जाग रही है जिसका दिल पिया के शब्द-बाण से घायल है।

37

(1) सूर-परकास, तहँ रैन कहँ पाइये
रैन - परकास नहिं सूर भासै।
ज्ञान-परकास अज्ञान कहँ पाइये
होय अज्ञान तहँ ज्ञान नासै।
काम बलवान तहँ प्रेम कहँ पाइये
प्रेम जहाँ होय तहँ काम नाहीं।
कहै कबीर यह सत्त विचार है
समझ विचार कर देख माँहीं।

जहाँ सूरज की रोशनी फैली हुई है वहाँ रात कहाँ मिलेगी और जहाँ रात का अँधेरा है वहाँ सूरज नहीं दिखाई देगा। ज्ञान की रोशनी में अज्ञान कहाँ मिलेगा और अज्ञान के अँधेरे में ज्ञान की ज्योति नहीं दिखाई देगी। जहाँ वासना प्रबल है वहाँ प्रेम का पता नहीं और जहाँ प्रेम है वहाँ वासना का अस्तित्व नहीं। कबीर कहते हैं कि सच्चा विचार यही है।

(2) पकड़ समसेर संग्राम मैं पैसिये
देह-परजन्त कर जुद्ध भाई।
काट सिर बैरियाँ दाब जहँ का तहाँ
आय दरबार में सीस नवाई॥

तलवार हाथ में लेकर रणक्षेत्र में उतरो और तब तक लड़ते रहो जब तक जान में जान है। दुश्मन का सिर काटकर उसका काम तमाम करो, फिर मालिक के दरबार में आकर अपना सिर झुका दो।

(3) सूर संग्राम को देख भागै नहीं,
देख भागै सोई सूर नाहीं।
काम और क्रोध मद लोभ से जूझना,
मचा घमसान तन-खेत माँहीं।
सील और साँच सन्तोष साही भये,
नाम समसेर तहाँ खूब बाजे।
कहैं कबीर कोई जूझिहै सूरमा।
कायंरा भीड़ तहँ तुर्त भाजे॥

वीर रणक्षेत्र को देखकर घबराते नहीं और भागने वाले बहादुर नहीं होते। शरीर और प्राण के संग्राम में क्या घमासान लड़ाई हो रही है। काम, क्रोध, मद और लोभ मुक़ाबले पर खड़े हुए हैं। धीरज, संतोष और सत्य के राज्य में तलवार का नाम ऊँचा हो जाता है। कबीर कहते हैं कि जब कोई सूरमा लड़ाई के लिए निकलता है तो कायरों की सेना पीठ दिखाकर भाग जाती है।

(4) साधको खेल तो बिकट बेंड़ा मती
सती और सूर की चाल आगे।
सूर घमसान है पलक दो चार का
सती घमसान पल एक लागै।
साध संग्राम है रैन-दिन जूझना।
देह परजन्त का काम भाई॥

सत्य की खोज करने वाले का संघर्ष बहुत कठिन होता है। सती और सूरमा की तुलना में इसका वचन निभाना ज़्यादा कठिन होता है। सूरमा की लड़ाई दो-चार घंटे चलती है, सती का संघर्ष एक पल में समाप्त हो जाता है, परंतु सत्य को खोजने वाला दिन-रात संघर्ष करता है। उसकी लड़ाई जीवन के अंतिम क्षण तक चलती रहती है।

38

भ्रम का ताला लगा महल रे, प्रेम की कुंजी लगाव।
कपट-किवड़िया खोल के रे, यहि बिधि पिय को जगाव॥
कहैं कबीर सुनो भाई साधो, फिर न लगै अस दाव॥

हृदय के महल में भ्रम का ताला पड़ा हुआ है। इसमें प्रेम की कुंजी लगाओ और किवाड़ खोलकर सोते हुए पिया को जगा लो। सुनो भाई साधु, कबीर कहते हैं कि ऐसा मौक़ा फिर हाथ नहीं आएगा।

39

साधो, यह तन ठाठ तँबूरे का।
ऐंचत तार मरोरत खूँटी, निकसत राग हजूरे का॥
टूटे तार बिखर गई खूँटी, हो गया धूरम-धूरे का।
कहैं कबीर सुनो भाई साधो, अगम पंथ कोई सूरे का॥

साधु, यह तन-तंबूरे का ठाठ है। जब खूँटी मरोड़ी जाती है और तार खिंचते हैं तो हुज़ूरी (भक्ति) का गीत बाहर निकलता है। अगर खूँटी टूट जाए और तार बिखर जाएँ तो यह धूल का साज़ धूल में मिल जाएगा। सुनो भाई साधु, कबीर कहते हैं कि इसमें से केवल ब्रह्मा ही सुर बाहर निकाल सकते हैं।

40

अवधू, भूले को घर लावै।
सो जन हमको भावै॥
घर में जोग भोग घर ही में, घर तज बन नहिं जावै।
घर में जुक्त मुक्त घर ही में, जो गुरु अलख लखावै।
सहज सुन्न में रहै समाना, सहज समाधि लगावै।
उन्मुनि रहै ब्रह्म को चीन्है, परम तत्व को ध्यावै।
सुरत-निरत सों मेला करके, अनहद नाद बजावै।
घर में बसत बस्तु भी घर है, घर ही बस्तु मिलावै।
कहैं कबीरा सुनो हो साधू, ज्यों का त्यों ठहरावै॥

ऊधो, हमको तो बस वह प्यारा है जो भूले-भटके को घर वापस लाता है।

हमें वह प्यारा है जो घर छोड़कर जंगल में बसेरा नहीं करता। क्योंकि घर ही में प्रिय का मिलन है और घर ही में जीवन का आनंद है। हमें वह प्यारा है जो अनदेखे को दिखा देता है। घर ही में पाबंदियाँ और बंधन हैं और घर ही में मुक्ति। हमें वह प्यारा है जो आसानी से शून्य में समा जाए और आसानी से समाधि लगा ले। जो हर चीज़ से विरक्त होकर ब्रह्म को पहचाने और सत्य को अनुभव करे। जो प्रेम और वैराग्य को मिलाकर अनहद राग छेड़े। कबीर कहते हैं कि घर ही सबकुछ है। सत्य घर ही में है और घर ही में वह सत्य मिल सकता है।

41

सन्तो, सहज समाधि भली।
साँईंते मिलन भयो जा दिन तें, सुरत न अन्त चली॥
आँख न मूँदूँ काम न रूँधूँ, काया कष्ट न धारूँ।
खुले नैन मैं हँस हँस देखूँ, सुन्दर रूप निहारूँ॥
कहूँ सो नाम सुनूँ सो सुमिरन, जो कछु करूँ सो पूजा।
गिरह-उद्यान एकसम देखूँ, भाव मिटाऊँ दूजा॥
जहँ जहँ जाऊँ सोई परिकरमा, जो कछु करूँ सो सेवा।
जब सोऊँ तब करूँ दण्डवत, पूजूँ और न देवा॥
शब्द निरन्तर मनुआ राता, मलिन बचन का त्यागी।
ऊठत-बैठत कबहुँ न बिसरै, ऐसी तारी लागी॥
कहैं कबीर यह उन्मुनि रहनी, सो परगट कर गाई।
सुख-दुख के इक परे परम सुख, तेहि में रहा समाई॥

संतो, सहज समाधि ही भली है। जब से साँई से मिलन हो गया है तब से मैंने किसी और से लौ नहीं लगाई है। न आँख बंद करता हूँ, न कान और न शरीर को कष्ट पहुँचाता हूँ। खुली आँखों से हँस-हँसकर उसका सुंदर रूप देखता हूँ। जो बोलता हूँ वह नाम है, जो सुनता हूँ वही सुमिरन है, जो करता हूँ वही पूजा है। मेरे लिए घर और उद्यान सब समान हैं, मेरे लिए उनमें कोई अंतर बाक़ी नहीं है। मैं जहाँ भी जाऊँ वही मेरे लिए परिक्रमा है और जो कुछ करूँ वही उसकी सेवा है। जब मैं सोता हूँ तब वही मेरी दंडवत् है, मैं किसी और देवता की पूजा नहीं करता। मेरा मन निरंतर उसी के गीत गाता है और कोई कुशब्द मेरी ज़बान पर नहीं आता। उठते-बैठते उसकी याद ताज़ा रहती है और इस राग का क्रम टूटने नहीं पाता। कबीर कहते हैं कि मेरे हृदय में जो उन्माद था उसे मैंने प्रगट कर दिया है। मैं परम सुख

की उस अवस्था में पहुँच गया हूँ जो सुख और दुख दोनों से परे है।

42

तीरथ में तो सब पानी है, होवे नहीं कछु अन्हाय देखा।
प्रतिमा सकल तो जड़ हैं भाई, बोलें नहीं बोलाय देखा।
पुरान-कोरान सबै बात है, या घट का परदा खोल देखा।
अनुभव की बात कबीर कहैं यह, सब है झूठी पोल देखा॥

तीर्थों में तो सब पानी ही पानी है। मैंने वहाँ नहाकर देखा है, उससे कुछ भी नहीं होता। सारी मूर्तियाँ जड़ (निर्जीव) हैं, मैंने आवाज़ देकर देखा है, कोई जवाब नहीं मिलता। पुराण और क़ुरान में शब्द ही शब्द हैं। मैं अपने घट (शरीर) का परदा उठाकर देख चुका हूँ। कबीर तो अपने अनुभव की बात कहते हैं, बाक़ी सब झूठी बातें हैं, मैंने इनकी पोल देख ली है।

43

पानी बिच मीन पियासी।
मोहिं सुन सुन आवै हाँसी॥
घर में वस्तु नजर नहिं आवत
बन बन फिरत उदासी।
आतमज्ञान बिना जग झूँठा
क्या मथुरा क्या कासी॥

पानी में मछली प्यासी है, यह सुनकर मुझे हँसी आती है। घर ही में रखी हुई चीज़ दिखाई नहीं दी और उसकी खोज में जंगल-जंगल परेशान फिर रहे हैं। अगर आत्म-ज्ञान न हो तो चाहे मथुरा जाओ चाहे काशी, यह दुनिया झूठी ही दिखाई देगी।

44

गगन मठ गैब निसान उड़े।
चन्द्रहार चँदवा जहँ टाँगे, मुक्ता-मानिक मढ़े।
महिमा तासु देख मन थिर कर, रबि-ससि जोत जरे।
कहैं कबीर पियै जोई जन, माता फिरत मरे॥

आकाश के मंदिर पर ग़ैब का (अद्‌भुत) झंडा लहरा रहा है जिसे चंद्रमा ने चंद्रहार और सितारों ने माणिक-मोतियों से सजा दिया है। इसकी महिमा देखकर मन को स्थिर करो, जिसमें चाँद और सूरज की रोशनी है। कबीर कहते हैं कि जिसने यह शराब पी ली वह मस्त हो गया।

45

साधो, को है कहँ सें आयो।
तेहि के मन धौं कहाँ बसत है, को धौं नाच नचायो॥
पावक सर्व अंग काठहि में, को धौं डहक जगायो।
हो गया खाक तेज पुनि वाको, कहु धौं कहाँ समायो॥
अहै अपार पार कछु नाहीं, सतगुरु जिन्हें लखायो।
कहैं कबीर जेहि सूझ-बूझ जस, तेइ तस आज सुनायो॥

साधु, तुम कौन हो, कहाँ से आए हो? वह सर्वशक्तिमान कहाँ बसता है और वह सृष्टि को कैसा नाच नचा रहा है? आग लकड़ी के हर हिस्से में छुपी हुई है फिर उसे कौन जगा देता है? जब लकड़ी जलकर राख हो जाती है तो आग कहाँ चली जाती है? जिनको सत्‌गुरु के दर्शन हो गए हैं उनके लिए पार-अपार कुछ नहीं है। कबीर कहते हैं कि जिसकी सूझ-बूझ जैसी है उसको वैसी ही बात मैंने आज सुनाई है।

46

साधो, सहजै काया सोधो।
जैसे बट का बीज ताहि में पत्र-फूल-फल-छाया।
काया-मद्धे बीज बिराजे, बीजा मद्धे काया॥
अग्नि-पवन-पानी-पिरथी-नभ, ता-बिन मिलै नाहीं।
काजी पंडित करो निरनय को न आपा माहीं॥
जल-भर कुंभ जलै बिच धरिया, बाहर-भीतर सोई।
उनको नाम कहन को नाहीं, दूजा धोखा होई॥
कहैं कबीर सुनो भाई साधो, सत्य-शब्द निज सारा।
आपा मद्धे आपै बोलै, आपै सिरजनहारा॥

साधु, काया को शुद्ध करना बहुत आसान है। जैसे बरगद के बीज में पत्ते, फूल, फल, छाया सभी कुछ छुपा है वैसे ही शरीर के अंदर बीज है और बीज

के अंदर शरीर। उसके बिना आग, हवा, पानी, पृथ्वी, आकाश कुछ भी नहीं मिल सकता। क़ाज़ी और पंडित ज़रा विचार करें कि आपे में (आत्मा में) क्या नहीं है। पानी से भरा घड़ा पानी में रखा है। उसके अंदर भी पानी है और बाहर भी पानी। उसको कोई नाम देना ग़लती है क्योंकि इससे यह भ्रम हो सकता है कि वह मुझसे भिन्न है। कबीर कहते हैं कि केवल सत्य शब्द ही असल आत्मा है। अपने अस्तित्व में वह आप ही बोल रहा है, वह जो स्वयं अस्तित्व है, स्वयं ही सृजनहार भी है।

47

तरवर एक मूल बिन ठाढ़ा, बिन फूले फल लागे।
साखा-पत्र कछू नहिं ताके, सकल कमल-दल गाजै॥
चढ़ तरवर दो पंछी बोले, एक गुरू एक चेला।
चेला रहा सो रस चुन खाया, गुरू निरन्तर खेला॥
पंछी के खोज अगम परगट, कहैं कबीर बड़ी भारी।
सब ही मूरत बीज अमूरत, मूरत की बलिहारी॥

एक पेड़ है जो बिना जड़ के खड़ा है, और बिना फूल लगे ही फल दे रहा है। उसमें न डालें हैं, न पत्तियाँ। उसमें बस कमल की पँखड़ियाँ ही पँखड़ियाँ हैं। इस पेड़ पर बैठे हुए दो पक्षी बोल रहे हैं—एक गुरु और एक चेला। चेला चुन-चुनकर रसीले फल खा रहा है और गुरु खुश होकर देख रहा है। कबीर कहते हैं कि उसका समझना बहुत कठिन है क्योंकि पंछी खोज की सीमा से बाहर है फिर भी साफ़ दिखाई दे रहा है। हर मूरत (साकार) के अंदर अमूरत (निराकार) है। हर मूरत की बलिहारी है।

48

चलत मनसा अचल कीन्हीं, मन हुआ रंगी।
तत्त्व में निहतत्त्व दरसा, संग में संगी॥
बँधते निर्बन्ध कीन्हा, तोड़ सब तंगी।
कहैं कबीर अगम गम कीया, प्रेम रंग रंगी॥

मैंने अपने चंचल मन को स्थिर कर लिया है। मेरे मन पर ऐसा रंग चढ़ गया है कि मैंने तत्त्व (साकार) में निःतत्त्व (निराकार) को देखा है और मिलन में अपना इष्ट प्राप्त कर लिया है। सारी सीमाओं को तोड़कर मैंने बंधनों से अपने-

आप को मुक्त कर लिया है। कबीर कहते हैं कि मैंने अगम को गम कर लिया है और मेरा मन प्रेम के रंग में रँग गया है।

49

जो दीसै सो तो है नाहीं, है सो कहा न जाई।
बिन देखै परतीत न आवै, कहै न को पतियाना।
समझा होय तो सब्दै चीन्है, अचरज होय अयाना॥
कोई ध्यावै निराकार को, कोई ध्यावै आकारा।
या विधि इस दोनों तें न्यारा, जानै जाननहारा॥
वह राग तो लखा न जाई, मात्रा लगै न काना।
कहैं कबीर सो पढ़ै न परलय, सुरत-निरत जिन जाना॥

जो दिखाई देता है वह है नहीं और जो है वह बयान से बाहर है। बिना देखे विश्वास नहीं होता और जैसा उसका वर्णन किया जाता है वह विश्वास करने योग्य नहीं है। जिसे ज्ञान हो वही शब्दों को पहचान सकता है और जो अज्ञानी है वह हैरान है। कोई तो निराकार का ध्यान करता है और कोई साकार का, लेकिन केवल ज्ञानी ही जानते हैं कि ब्रह्म इन दोनों से भिन्न है। वह राग है जो आँखों से देखा नहीं जा सकता क्योंकि उसमें शब्दों की तरह मात्रा (पाई) और बिंदियाँ आदि नहीं लगाई जातीं। कबीर कहते हैं कि जिसने प्रेम और वैराग्य दोनों को अपना लिया है उसे प्रलय का कोई भय नहीं।

50

मुरली बजत अखंड सदा से, तहाँ प्रेम झनकारा है।
प्रेम-हद्द तजी जब भाई, सत्त लोक की हद्द पुनि आई।
उठत सुगंध महा अधिकाई, जाको वार न पारा है।
कोटि भान राग को रूपा, बीन सत-धुन बजै अनूपा॥

यह मुरली सदा से निरंतर बज रही है, और प्रेम इसकी ध्वनि है। जब मनुष्य प्रेम की सीमाओं से पार निकल जाता है तो सत्यलोक की सीमा आती है। वहाँ सुगंध का अपार विस्तार है। यह राग करोड़ों सूर्यों का रूप धारण कर रहा है। वीणा पर सत्य की अनुपम धुन बज रही है।

51

सखियो, हमहुँ भई बलमासी।
आयो जोबन बिरह सतायो, अब मैं ज्ञान गली अठिलाती।
ज्ञान-गली में खबर मिल गये, हमें मिली पिया की पाती।
वा पाती में अगम सँदेसा, अब हम मरने को न डराती।
कहत कबीर सुनो भाई प्यारे, बर पाये अबिनासी॥

सखियो, मैं अपने बालम से मिलने को बेचैन हूँ। यौवन आया है और विरह सता रहा है। मैं ज्ञान की गली में इठलाती फिर रही हूँ। ज्ञान की गली में मुझे उसकी ख़बर मिल गई है। बालम का पत्र मेरे नाम आया है और उसमें एक ऐसा संदेसा है जिसे मैं कह नहीं सकती (अगम) मगर अब मरने से डर नहीं लगता। प्यारे भाई सुनो, कबीर कहते हैं कि मुझे अविनाशी पति मिल गया है।

52

साँई बिन दरद करेजे होय।
दिन नहिं चैन रात नहिं निंदिया, कासे कहूँ दुख होय।
आधी रतियाँ पिछले पहरवा, साँई बिना तरस रही सोय।
कहत कबीर सुनो भाई प्यारे, साँई मिले सुख होय॥

साँई (स्वामी) नहीं है तो कलेजे में पीड़ा होती है। दिन को चैन नहीं, रात को नींद नहीं, आख़िर मैं अपना दुख किससे कहूँ? आधी रात हो या पिछला पहर अपने साँई के बिना मैं एक नींद के लिए तरस रही हूँ। सुनो प्यारे भाई, कबीर कहते हैं कि साँई (प्रेमी) मिले तो चैन आए।

53

कौन मुरली-सब्द सुन आनन्द भयौ
जोत बरै बिन बाती।
बिना मूल के कमल प्रगट भयौ
फुलवा फुलत भाँति भाँती।
जैसे चकोर चन्द्रमा चितवै
जैसे चातक स्वाँती।

तैसे संत सुरत के होके
हो गये जनम सँघाती॥

यह कौन-सी मुरली बज रही है जिसे सुनकर मैं आनंद-विभोर हो गया। बत्ती नहीं है लेकिन ज्योति जल रही है। जड़ नहीं है लेकिन कमल खिल रहा है। रंग-बिरंगे फूल हँस रहे हैं। जैसे चकोर चंद्रमा को देखता है और चातक स्वाति की बूँद की आस लगाए रहता है, वैसे ही उससे प्रेम (सुरत) हो जाने पर मेरा संतों से जनम-भर का साथ हो गया।

54

सुनता नहीं धुन की खबर, अनहद का बाजा बाजता।
रस मंद मंदिर बाजता, बाहर सुने तो क्या हुआ।
इक प्रेम-रस चाखा नहीं, अमली हुआ तो क्या हुआ॥
काजी किताबें खोजता, करता नसीहत और को।
महरम नहीं उस हाल से, काजी हुआ तो क्या हुआ॥
जोगी दिगंबर सेवड़ा, कपड़ा रँगे रंग लाल से।
वाकिफ नहीं उस रंग से, कपड़ा रँगे से क्या हुआ॥
मंदिर-झरोखा-रावटी, गुल चमन में रहते सदा।
कहत कबीरा है सही हर दम में साहिब रम रहा॥

अनहद नाद हो रहा है लेकिन तुझे उसकी धुन की ख़बर नहीं है। मधुर संगीत स्वयं मंदिर के अंदर गूँज रहा है उसे मंदिर से बाहर आकर सुनने से क्या फ़ायदा। अगर तूने प्रेम रस नहीं चखा है तो और सारे नशे करने से क्या फ़ायदा। क़ाज़ी किताबें ढूँढ़ता फिरता है, दूसरों को नसीहत करता है लेकिन अगर वह मर्म को नहीं जानता तो केवल क़ाज़ी होने से क्या फ़ायदा है। योगी अपने कपड़े लाल रंग से रँगते हैं लेकिन अगर वह उस (प्रेम के) रंग से परिचित नहीं हैं तो कपड़े रँगने से क्या होगा। मंदिर में बैठना, झरोखों में झाँकना, अटारियों पर ध्यान लगाना और बाग़-बग़ीचों में सैर करना बेकार है। कबीर सच ही कहते हैं कि साहब (भगवान, ब्रह्म) तो हर साँस में रमा हुआ है।

55

भक्ति का मारग झीना रे।
नहिं अचाह नहिं चाहना, चरनन लौ लीना रे।

साधन के रस-धार में, रहे निस-दिन मीना रे।
राग में स्रुत ऐसे बसे, जैसे जल मीना रे।
साँई सेवन में देत सिर, कुछ बिलम न कीना रे।
कहैं कबीर मत भक्ति का, परगट कर दीना रे॥

भक्ति का मार्ग बहुत सूक्ष्म (झीना) है। वहाँ चाहना और न चाहना बेकार है, केवल (प्रभु के) चरणों से लौ लगाई जाती है। वहाँ भक्त अपनी साधना की रस-धार में हर वक़्त डूबा रहता है। उसके राग में प्रेम ऐसा रचा-बसा है जैसे मछली पानी में रहती है। वह साँई की सेवा में बिना किसी संकोच के तन-मन अर्पित कर देता है। कबीर कहते हैं कि मैंने इन शब्दों में भक्ति के मत को व्यक्त कर दिया है।

56

भाई, कोई सतगुरु सन्त कहावै।
नैनन अलख लखावै॥
प्राण पूज्य किरियाते न्यारा, सहज समाध सिखावै।
द्वार न रूँधै पवन न रोकै, नहिं भवखण्ड तजावै।
यह मन जाय यहाँ लग जब ही परमातम दरसावै।
करम करै निःकरम रहै जो, ऐसी जुगत लखावै।
सदा बिलास त्रास नहिं तन में, भोग में जोग जगावै।
धरती-पानी आकास-पवन में अधर मँड़ैया छावै।
सुन्न सिखर के सार सिला पर, आसन अचल जमावै।
भीतर रहा सौ बाहर देखै, दूजा दृष्टि न आवै॥

भाई, सद्गुरु संत वही है जो आँखों को न दिखाई देने वाले का दर्शन कराता है। जो बाहरी पूजा-पाठ से मुक्त करके सहज समाधि सिखाता है। दरवाज़े बंद करके नहीं बैठता, साँस रोकने का अभ्यास नहीं करता, संसार को त्याग देने का उपदेश नहीं देता। मन जब इस अवस्था में पहुँच जाता है तभी परमात्मा का दर्शन होता है। वह गुरु ऐसा मार्ग दिखाता है जिसमें मनुष्य कर्म करने के बाद भी निष्कर्म रहता है। वहाँ विलास ही विलास है और तन को त्रास नहीं देना पड़ता, वहाँ भोग के साथ ही जोग भी है। धरती हो या पानी, आकाश हो या हवा, हर जगह उसका वास है। वह शून्य के शिखर पर सार-शिला पर अपना अचल आसन जमाता है। जो आत्मा में है वही बाहर दिखाई देता है, दूसरा कोई दिखाई नहीं देता।

57

साधो, सब्द-साधना कीजै।
जे ही सब्द ते प्रकट भये सब, सोई सब्द गहि लीजै॥
सब्द गुरु सब्द सुन सिख भये, सब्द सो बिरला बूझै।
सोई सिष्य सोई गुरु महातम, जेहिं अन्तर-गति सूझै॥
सब्दै बेद-पुरान कहत हैं, सब्दै सब ठहरावै।
सब्दै सुर-मुनि-सन्त कहत हैं, सब्द-भेद नहिं पावै॥
सब्दै सुन सुन भेष धरत हैं, सब्दै कहै अनुरागी।
षट्-दर्सन सब सब्द कहत हैं, सब्द कहै बैरागी॥
सब्दै काया जग उतपानी, सब्दै केरि पसारा।
कहैं कबीर जहँ सब्द होत है, भवन भेद है न्यारा॥

साधु, शब्द-साधना करो; जिस शब्द से सबकुछ उत्पन्न हुआ है उसी शब्द को ग्रहण करो। शब्द ही गुरु है जिसे सुनकर हम शिष्य बने हैं और इस शब्द के समझने वाले बहुत कम लोग हैं। जो अंतर-गति को जानता है वही असली शिष्य और महात्मा गुरु है। वेदों और पुराणों में भी शब्द का उल्लेख है और शब्द ही इस सृष्टि का आधार है। ऋषि-मुनि सब शब्द ही बोल रहे हैं, लेकिन शब्द का भेद नहीं मिलता। शब्द ही सुन-सुनकर आदमी (फ़क़ीर का) भेष धारण करता है और इसी शब्द के सहारे वह अनुरागी बनता है। षट्दर्शन में भी शब्द का ही वर्णन है और वैराग्य लेने वाले भी शब्द ही को दोहराते हैं। शब्द ही से सृष्टि की रचना हुई है और यह सृष्टि शब्द ही का फैलाव है। कबीर कहते हैं कि जहाँ शब्द है वहाँ जीवन और सृष्टि का रहस्य निहित है।

58

पी ले प्याला हो मतवाला
प्याला नाम अमीरस का रे।
कहैं कबीर सुनो साधो
नख सिख पूर रहा विष का रे।

प्याला पीकर मतवाला हो जा। यह वह प्याला है जिसमें उसके नाम का अमृत छलक रहा है। सुनो भाई साधु, कबीर कहते हैं कि तुमने सिर से पैर तक अपने अस्तित्व को विष से क्यों भर रखा है।

59

खसम न चीन्है बावरी, का करत बड़ाई।
बातन लगन न होयँगे, छोड़ौ चतुराई।
साखी सब्द सँदेस पढ़ि, मत भूलो भाई।
सार-प्रेम कछु और है, खोजा सो पाई॥

बावली, अपने पति को तो पहचानती नहीं है, अपनी बड़ाई क्या कर रही है। यह चालाकी छोड़ दे, ख़ाली बात बनाने से प्रियतम हाथ नहीं आएगा। इस पर मत इतराओ कि तुमने शब्दों का संदेश सुना है (किताबें पढ़ी हैं)। यह प्रेम कुछ और ही चीज़ है, जो इसे सच्चे मन से खोजता है वही इसे पाता है।

60

सुखसिंध की सैर का स्वाद तब पाइ है
चाह का चौतरा भूल जावै।
बीज के माँहि ज्यों बीज-बिस्तार यों
चाह के माँहि सब रोग आवै॥

सुख के सागर की सैर का मज़ा तो तब मिलेगा जब कामना (चाह) के चबूतरे पर (आराम से) बैठने का विचार तू भूल जाएगा। जैसे बीज के अंदर बीज का विस्तार (पेड़) छुपा हुआ है उसी तरह कामना के अंदर सारी बीमारियों, सारी तकलीफ़ों की जड़ है।

61

सुखसागर में आयके मत जा रे प्यासा।
अजहुँ समझ नर बावरे, जम करत निरासा।
निर्मल नीर भरे तेरे आगे, पी ले स्वाँसो स्वाँसा॥
मृगतृस्ना-जल छाँड़ बावरे, करो सुधारस-आसा॥
ध्रू प्रहलाद-शुकदेव पिया, और पिया रैदासा॥
प्रेमहि संत सदा मतवाला, एक प्रेम की आसा।
कहैं कबीर सुनो भाई साधो, मिट गई भय की बासा॥

सुख-सागर में आकर प्यासा वापस मत जा। ऐ बावले, अब भी समझ ले, तू निराश क्यों होता है। तेरे सामने निर्मल जल भरा है, हर साँस के साथ

उसे पी जा। मृगतृष्णा के जल को छोड़ दे, पगले, और सुधा-रस (भगवान से प्रेम) की प्यास पैदा कर। यह रस ध्रुव, प्रह्लाद, शुकदेव, रैदास सबने पिया है। सभी साधु-संत प्रेम ही के मतवाले हैं और प्रेम ही के प्यासे। कबीर कहते हैं कि सुनो भाई साधु, अब भय का वास मिट गया।

62

सती को कौन सिखावता है,
सँग स्वामी के तन जारना जी।
प्रेम को कौन सिखावता है,
त्याग माँहि भोग का पावना जी।

अपने स्वामी के साथ चिता में जल जाना सती को कौन सिखाता है। प्रेम को कौन सिखाता है कि त्याग ही में भोग (सुख) है।

63

अरे मन धीरज काहे न धरै।
पसु पंछी जीव कीट पतंगा सबकी सुद्ध करै।
गर्भ-बास में खबर लेतु है बाहर क्यों बिसरै।
मन तू हसन से साहेब के भटकत काहे फिरै।
प्रीतम छाँड़ और को धारै, कारज इक न सरै॥

अरे मेरे मन, धीरज क्यों नहीं धरता। वह जो जानवरों, पक्षियों, कीड़ों-मकोड़ों तक की रखवाली करता है, जिसने माँ के पेट में तेरी रक्षा की है, पैदा होने के बाद तुझे क्यों भूल जाएगा। ऐ मेरे मन, तू अपने साहब (प्रभु) की मुसकराहट को छोड़कर कहाँ भटकता फिर रहा है, अपने प्रियतम को छोड़कर और किसका ध्यान कर रहा है। इस तरह तो कोई काम नहीं बनेगा।

64

साँई से लगन कठिन है भाई।
जैसे पपीहा प्यासा बूँद का, पिया पिया रट लाई।
प्यासे प्राण तड़फै दिन-राती, और नीर ना भाई।
जैसे मिरगा सब्द-सनेही, सब्द सुनन को जाई।
सब्द सुनै और प्रानदान दे, तनिको नाहिं डराई।

जैसे सती चढ़ी सत-ऊपर, पिया की राह मन भाई।
पावक देख डरे वह नाहीं, हँसत बैठे सदा माई।
छोड़ो तन अपने की आसा, निर्भय ह्वै गुन गाई।
कहत कबीर सुनो भाई साधो, नाहिं तो जनम नसाई॥

भाई, साँई (प्रभु) से लगन लगाना बहुत कठिन काम है। जैसे स्वाति की बूँद का प्यासा पपीहा पिया-पिया की रट लगाता है और उसकी प्यासी आत्मा दिन-रात तड़पती है लेकिन दूसरा कोई पानी उसे अच्छा नहीं लगता। जैसे संगीत का प्रेमी मृग संगीत सुनने चला जाता है और संगीत सुनते-सुनते जान दे देता है और डरकर पीछे नहीं हटता, जैसे सती अपने पति की लाश के साथ चिता पर चढ़ जाती है, आग को देखकर डरती नहीं है, उसी तरह तुम भी अपने तन की आशा छोड़कर निडर होकर (प्रभु के) गुण गाओ। कबीर कहते हैं, सुनो भाई साधु, नहीं तो तुम्हारा जीवन व्यर्थ है।

65

मैं जब भूला रे भाई,
मेरे सतगुरु जुगत लखाई।
किरिया-करम-अचार छाँड़ा तीरथ का न्हाना।
सगरी दुनिया भई सयानी, मैं ही इक बौराना।
ना मैं जानूँ सेवा-बंदगी, ना मैं घंटा बजाई।
ना मैं मूरत धरी सिंघासन, ना मैं पुहुप चढ़ाई।
ना हरि रीझै जप तप कीन्हें, ना काया के जारे।
ना हरि रीझै धोती छाँड़े, ना पाँचों के मारे।
दया राखि धरम को पालै, जग सों रहे उदासी।
अपना-सा जिव सबको जानै, ताहि मिलै अविनासी।
सहै कुसब्द बाद को त्यागै, छाँड़े गर्ब-गुमाना।
सत्त नाम ताही को मिलिहै कहै कबीर सुजाना॥

मेरे भाई, मुझसे जब भूल हुई तो मेरे सत्‌गुरु ने मुझे मार्ग दिखाया। मैंने पूजा-पाठ सब छोड़ दिया, तीर्थों में जाकर नहाना छोड़ दिया। सारी दुनिया सयानी हो गई, एक मैं ही दीवाना ठहराया गया। न तो मैं सेवा-उपासना जानता हूँ, न घंटा बजाता हूँ, न मैं सिंहासन पर मूर्ति की स्थापना करता हूँ और न उस पर फूल चढ़ाता हूँ। जप-तप करने से हरि नहीं रीझता और न शरीर को कष्ट देने से प्रसन्न होता है। नंगे रहने से और पाँचों इंद्रियों का दमन

करने से भी हरि प्रसन्न नहीं होता। जो हृदय में दया रखकर धर्म का पालन करता है, जो संसार के माय-मोह से उदासीन रहता है और हर जीव को अपनी तरह मानता है, केवल उसी को भगवान मिलता है। सुजान कबीर कहते हैं कि सत्य-नाम उसी को मिलता है जो दूसरे की कड़वी बात भी बर्दाश्त कर लेता है, झगड़े से बचता है और घमंड से दूर रहता है।

66

मन ना रँगाये रँगाये जोगी कपड़ा।
आसन मारि मंदिर में बैठे
ब्रह्म-छाँड़ि पूजन लागे पथरा।
कनवा फड़ाय जटवा बढ़ौले
दाढ़ी बढ़ाय जोगी होइ गैले बकरा।
जंगल जाय जोगी धुनिया रमौले
काम जराय जोगी होय गैले हिजरा।
मथवा मुँड़ाय जोगी कपड़ा रँगौले
गीता बाँच के होय गैले लबरा।
कहहिं कबीर सुनो भाई साधो,
जम दरवजवा बाँधल जैबे पकड़ा॥

जोगी के मन में प्रेम का रंग है नहीं, उसने सिर्फ़ कपड़े रँगवा लिये हैं, आसन मारकर मंदिर में बैठ गया है और ब्रह्म को छोड़कर पत्थर की पूजा कर रहा है। उसने अपने कान चीरकर कुंडल पहन लिये हैं, बाल लंबे कर लिये हैं और दाढ़ी बढ़ाकर बकरा बन गया है। जोगी जंगल में जाकर धूनी रमा रहा है और काम-वासना का दमन करके जोगी हिजड़ा हो गया है। सिर मुँडाकर जोगी ने कपड़े रँग लिये हैं और गीता पढ़के बड़ी-बड़ी बातें बना रहा है। सुनो भाई साधु, कबीर कहते हैं कि इस तरह तू हाथ-पाँव बाँधकर यमराज के दरवाज़े पर डाल दिया जाएगा।

67

ना जानै साहब कैसा है।
मुल्ला होकर बाँग जो दैवे,
क्या तेरा साहब बहरा है।

कीड़ी के पग नेवर बाजे
सो भी साहब सुनता है।
माला फेरी तिलक लगाया,
लंबी जटा बढ़ाता है।
अंतर तेरे कुफर-कटारी,
यों नहिं साहब मिलता है।

न जाने यह कैसा साहब (प्रभु) है। मुल्ला होकर जो तू बाँग (अज़ान) देता है तो क्या तेरा ख़ुदा बहरा है। वह तो वह आवाज़ भी सुनता है जो कीड़ों-मकोड़ों के चलने से पैदा होती है। तू माला जपता है, तिलक लगाता है और लंबी-लंबी जटाएँ रखता है। तेरे दिल में तो कुफ़्र की कटारी रखी हुई है। इस तरह ईश्वर नहीं मिलता।

68

हमसों रहा न जाय मुरलिया कै धुन सुन के।
बिना बसन्त फूल इक फूलै भँवर सदा बोलाय॥
गगन गरजै बिजुली चमकै, उठती हिये हिलोर।
बिगसत कँवल मेघ बरसाने चितवत प्रभु की ओर॥
तारी लागी तहाँ मन पहुँचा, गैब धुजा फहराय।
कहैं कबीर आज प्रान हमारा, जीवत ही मर जाय॥

मैं मुरली की धुन सुन रहा हूँ और मेरा दिल क़ाबू से बाहर हुआ जा रहा है। बिना वसंत के फूल खिल रहा है और भँवरा दीवाना हुआ जा रहा है। आसमान गरज रहा है और बिजली चमक रही है और मेरे दिल के अंदर लहरें उठ रही हैं। कमल खिल रहा है, पानी बरस रहा है और मेरी लौ प्रभु की ओर लगी हुई है। मेरा मन वहाँ पहुँच गया है जहाँ सृष्टि की तालियाँ बज रही हैं और ग़ैब की ध्वजा फहरा रही है। कबीर कहते हैं कि आज तो जीते जी मर जाने में सुख है।

69

जे खोदाय मसजीद बसतु है और मुलुक केहि केरा।
तीरथ-मूरत राम-निवासी बाहर करे को हेरा।
पूरब दिसा हरी कौ बासा पच्छिम अलह मुकामा।

दिल में खोज दिलहि में खोजौ इहैं करीमा-रामा।
जेते औरत - मरद उपानी सो सब रूप तुम्हारा।
कबीर पोंगड़ा अलह-राम का सो गुरु पीर हमारा॥

अगर ख़ुदा सिर्फ़ मस्जिद में बसता है तो यह दुनिया किसकी है। अगर राम सिर्फ़ तीर्थस्थानों की मूर्तियों में दिखाई देता है तो फिर उस स्थान के बाहर क्या हो रहा है। हरि पूरब में बसता है और अल्लाह का वास पश्चिम में है। मैं कहता हूँ अपने दिल में झाँककर देखो, करीम और राम दोनों यहीं मिलेंगे। औरत और मर्द उसकी जीती-जागती तसवीरें हैं, वे सब तुम्हारे अपने रूप हैं। कबीर अल्लाह और राम दोनों का बालक है और वही हमारा गुरु है, वही हमारा पीर है।

70

सील-संतोष सदा समदृष्टि, रहनि गहनि में पूरा।
ताके दरस-परम भय भाजै, होइ कलेस सब दूरा॥
निसि-बासर चरचा चित-चंदन, आन कथा न सोहावै।
करनी-धरनी संगीत गावै, प्रेम रंग उड़ावै॥
राग-सरूप अखंडित अबिचल-निर्भय बेपरवाई।
कहैं कबीर ताहि पग परसो, घट-घट सब सुखदाई॥

जिसके स्वभाव में शील और संतोष है, जो सबको एक दृष्टि से देखता है, और रहन-गहन में पूरा है, उसके परम दर्शन से सारे भय भाग जाते हैं और सब क्लेश दूर हो जाते हैं। हर समय उसकी चर्चा (कल्पना) इस तरह रहती है जैसे मन में चंदन की सुगंध बसी हो, उसे कोई दूसरी कथा अच्छी नहीं लगती। उठते-बैठते वह उसका गीत गाता है और चारों तरफ़ प्रेम का रंग उड़ाता रहता है। वह राग की तरह अखंडित और अविचल है, निडर है और बेपरवाह है। कबीर कहते हैं कि उसी के चरण छुओ जो हर प्राणी को सुख और प्रेम से भर देता है।

71

साध-संगत पीतम उहाँ चल जाइए।
भाव-भक्ति-उपदेस तहाँ ते पाइए॥
संगत ही जरि जाव न चरचा नाम की।

दूलह बिना बरात कहो किस काम की॥
दुबिधा को कर दूर पीतम को ध्याइए।
आन देव की सेव न चित्त लगाइए॥
आन देव की सब भली नहिं जीव को।
कहैं कबीर विचार न पावै पीव को॥

साधुओं की संगत में रहो, उन्हीं के साथ प्रियतम (ईश्वर) तक पहुँच सकोगे। भाव, भक्ति और उपदेश उन्हीं से मिलेगा। वह संगत ही जलकर राख हो जाए जहाँ उसके नाम की चर्चा नहीं है। अगर दूल्हा ही न हो तो बरात किस काम की। मन से दुविधा निकालकर सिर्फ़ प्रीतम का ध्यान करो, किसी और देवता की सेवा का विचार भी मन में न लाओ क्योंकि किसी और देवता की सेवा में कोई भलाई नहीं है। कबीर सोच-विचार कर यह कहते हैं कि इस तरह प्रीतम नहीं मिल सकता।

72

तोर हीरा हिराइल बा किचड़े में।
कोई ढूँढ़ै पूरब कोई पश्चिम
कोई ढूँढ़ै पानी - पथरे में।
दास कबीर ये हीरा को परखैं
बाँध लिहलै जीयरा के अँचरे में॥

तेरा हीरा कीचड़ में गिरकर खो गया है। कोई उसे पूरब में ढूँढ़ रहा है और कोई पश्चिम में और कोई पानी और पत्थर में। लेकिन कबीरदास इस हीरे का मूल्य जानते हैं और उन्होंने उसे अपने दिल की गाँठ में बाँध लिया है।

73

आयौ दिन गौने कै हो, मन होत हुलास।
डोलिया उठावे बीजा बनवाँ हो, जहँ कोई न हमार॥
पइयाँ तोरी लागौं कहरवा हो, डोली धर छिन बार।
मिल लेवैं सखिया सहेलिन हो, मिलौं कुल परिवार॥
दास कबीर गौंव निरगुन हो, साधो करि ले बिचार।
नरम-गरम सौदा करि लै हो, आगे हाट ना बजार॥

गौने का दिन आ गया है और दिल .खुशी से फूला नहीं समाता। वे हमारी

डोली जंगल में उठा लाए हैं जहाँ मेरा कोई नहीं है। ऐ कहार, मैं तेरे पाँव पड़ती हूँ, पल-भर के लिए डोली नीचे रख दे, मैं अपनी सखियों, सहेलियों और घरवालों से विदा तो हो लूँ। कबीरदास निर्गुण होकर (संसार के माया-मोह से मुक्त होकर) गा रहे हैं कि "ऐ साधु, नरम-गरम जो भी सौदा करना हो जल्दी से कर लो क्योंकि आगे कोई हाट और बाज़ार नहीं है।"

74

अरे दिल,
प्रेमनगर का अंत न पाया, ज्यों आया त्यों जावैगा॥
सुन मेरे साजन सुन मेरे मीता, या जीवन में क्या-क्या बीता।
सिर पाहन को बोझा लीता, आगे कौन छुड़ावैगा॥
परली पार मेरा मीता खड़िया, उस मिलने का ध्यान न धरिया।
टूटी नाव उपर जो बैठा, गाफिल गोता खावैगा॥
दास कबीर कहैं समुझाई, अंतकाल तेरा कौन सहाई।
चला अकेला संग न कोई, किया आपना पावैगा॥

ओ दिल, आख़िर तुझे प्रेमनगर का अंत नहीं मिला (प्रेम का मर्म समझ में नहीं आया)। तू जैसे आया है वैसे ही जाएगा। सुन मेरे साजन, सुन मेरे मीत, इस जीवन में क्या-क्या नहीं बीत चुकी है। तूने अपने सिर पर पत्थरों का बोझ उठा रखा है, इस बोझ को कौन हलका करेगा। मीत (मित्र) तो दूसरे किनारे पर खड़ा है। तुमने उससे मिलने की कोई तरकीब नहीं निकाली। तू टूटी हुई नाव पर बैठा है, ग़ाफ़िल तू ज़रूर ग़ोता खाएगा। दास कबीर समझाकर कहते हैं, अंतकाल में तेरा कोई सहारा नहीं है। तू अकेला जा रहा है, कोई संगी-साथी नहीं है। तूने अब तक जो किया है उसका फल तुझे मिलेगा।

75

बेद कहे सरगुन के आगे निरगुन का बिसराम।
सरगुन-निरगुन तजहु सोहागिन, देख सबहि निज धाम।
सुख-दुख वहाँ कछू नहीं ब्यापै, दरसन आठो जाम।
नूर ओढ़न नूरै डासन, नूरै का सिरहान।
कहैं कबीर सुनो भाई साधो, सतगुरु नूर तमाम॥

वेदों में कहा गया है कि सरगुन (सगुण) के आगे निरगुन (निर्गुण) फैला हुआ

है। ऐ सुहागिन, सगुण-निर्गुण के झमेलों में तुझे क्या मिलेगा, देख हर जगह तेरा घर है। वहाँ जीव और दुख कुछ नहीं है। आठों पहर हर तरफ़ दर्शन ही दर्शन है। नूर (प्रकाश) की चादर है, नूर का बिछौना है, नूर के तकिये हैं। सुनो भाई साधु, कबीर कहते हैं कि सत्गुरु सिर से पैर तक नूर ही नूर है।

76

(1) तू सूरत नैन निहार वह अंड में सारा है।
तू हिरदे सोच बिचार यह देश हमारा है।
सतगुरु दरस होय जब भाई,
वह दें तुमको प्रेम चिताई,
सुरत-निरत के भेद बताई,
तब देखे अण्ड कै पारा है॥
सकल जगत में सत की नगरी,
चित्त भुलावै बाँकी डगरी,
सो पहुँचे चाले बिन पग री,
ऐसा खेल अपारा है॥

तू उसकी सूरत आँखों में बसा ले और देख कि सारा ब्रह्मांड उसी से भरा हुआ है। तू हृदय में सोच तो मालूम होगा कि यह सारा देश तेरा अपना है। जिस दिन सत्गुरु के दर्शन होंगे उस दिन प्रेम जाग उठेगा, सुरत (प्रेम) और निरत (वैराग्य) के सारे रहस्य प्रकट हो जाएँगे और तब मालूम होगा कि वह (इस ब्रह्मांड में होते हुए भी) ब्रह्मांड से परे है। सारा जगत सत्य की नगरी है, इसकी टेढ़ी-मेढ़ी गलियों में मन भटक जाता है। यह कैसा अजीब खेल है कि इन मार्गों पर जो पैरों के बिना चलता है वही मंज़िल तक पहुँचता है।

(2) लीला सुक्ख अनंत वहाँ की
जहाँ रास बिलास अपारा है,
गहन-तजन छूटे यह पाई
फिर नहिं पाना सताना है॥ 3॥
पद निरबान है अनंत अपारा
सुरति मूरति लोक पसारा,
सत्तपुरुष नूतन धारा
साहिब सकल रूप सारा है॥ 4॥

बाग-बगीचे खिली फुलवारी
अमृत-लहरैं हो रहीं जारी
हंसा केल करत तहँ भारी
जहँ अनहद घूरै अपारा है॥ 5॥
ता मध अधर सिंहासन गाजै
पुरुष महा तहँ अधिक बिराजै
कोटिन सूर रोम इक लाजै
ऐसा पुरुष दीदारा है॥6॥
पंथ बिना सतराग उचारै
जो बेधत हिए मँझारा है।
जन्म-जन्म का अंमृत धारा
जहँ अधर-अंमृत फुहारा है॥7॥
सत से सत्त सुन्न कहलाई,
सत्त भँडार याही के माहीं।
निःतत रचना ताहि रचाई
जो सबहिन तें न्यारा है॥8॥
अहद लोक वहाँ है भाई,
पुरुष अनामी अकह कहाई।
जो पहुँचे जानेंगे वाही
कहन सुनन ते न्यारा है॥9॥
रूप-सरूप कछू वहँ नाहीं,
ठौर-ठाँव कछु दीसै नाहीं।
अजर-तूल कछु दृष्टि न आई
कैसे कहूँ सुमारा है॥10॥
जापर किरपा करिहैं साँई
अनहद मारग गावै ताही।
उद्‌भव परलय पावत नाहीं
जब पावै दीदारा हो॥11॥
कहैं कबीर मुख कहा न जाई
ना कागद पर अंक चढ़ाई।
मानो गूँगे सम गुड़ खाई
कैसे बचन उचारा हो॥12॥

वहाँ सुख की लीला अनंत है और वहाँ रास-विलास है। यह मिल जाए

तो दुनिया का सारा खोना और पाना व्यर्थ है। वही अनंत अपार निर्वाण है। इसी से सारे लोक में सुरति (प्रेम) का अस्तित्व है। सत्तपुरुष ने नया तन धारण किया है, हर रूप में उसी (साहब) की शक्ल दिखाई दे रही है।

बाग़ महक रहे हैं और फुलवारियाँ खिली हुई हैं, अमृत की धारा बह रही है। वहाँ हंस (आत्मा) मगन होकर क्रीड़ा कर रहे हैं और अनहद नाद आकाश में गूँज रहा है।

उसके बीच में वह सिंहासन लटका हुआ है जिस पर महापुरुष विराजमान है और उसका दर्शन इतना नयनाभिराम है कि उसके एक बाल की ज्योति से लाखों सूरज शरमा जाते हैं।

पंथ के बिना सत्-राग गूँज रहा है जो दिल में उतर जाता है। जन्म-जन्म की अमृत-धारा बह रही है और अमृत की फुहार पड़ रही है।

वह जिसे शून्य समझा जाता है वही सबसे बड़ा सत्य है, उसी में सत्य का भंडार है, निःतत्त्व रचना उसी से हुई है, जो सबसे न्यारा है।

भाई वह अनंत लोक वहाँ है जिसके पुरुष (स्वामी) का कोई नाम नहीं है और उसका वर्णन नहीं किया जा सकता। जो वहाँ पहुँचेगा वही जानेगा, कहने-सुनने की कोई गुंजाइश नहीं है।

वहाँ रूप-स्वरूप कुछ नहीं है, और ठौर-ठाँव कुछ दिखाई नहीं देता। उसका विस्तार दृष्टि से ओझल है, फिर कैसे कहूँ कि उसकी गणना (सुमारा-शुमार) की जा सकती है।

जिस पर साँई की कृपा होगी वही अनहद मार्ग को पा सकता है। जिसे उसका दीदार (दर्शन) हो गया उसके लिए उद्भव और प्रलय के बंधन मिट गए।

कबीर कहते हैं कि उसका वर्णन मुख से नहीं किया जा सकता, काग़ज़ पर लिखा नहीं जा सकता। जैसे अगर गूँगा आदमी गुड़ खा ले तो उसकी मिठास का वर्णन कैसे कर सकता है।

77

चल हंसा वा देस जहँ पिया बसै चितचोर।
सुरत सोहासिन है पनिहारिन, भरै टाढ़ बिन डोर॥
वहि देसवाँ बादर ना उमड़ै रिमझिम बरसै मेह।
चौबारे में बैठ रहो ना, जा भीजहु निर्देह॥
वहि देसवा में नित्त पूर्निमा, कबहुँ न होय अँधेर।

एक सुरज कै कवन बतावै, कोटिन सुरज ऊँजेर॥

ऐ हंस, उस देश चल जहाँ चित्तचोर पिया रहता है, जहाँ सुरत की सुहागिन खड़ी हुई बिना डोर के पानी भर रही है। उस देश में बादल घिरकर नहीं आते लेकिन मेह रिमझिम बरसता है। चौबारे में मत बैठ, बाहर निकल और निदेह (बिना शरीर का अस्तित्व) इस पानी में भीग। उस देश में हमेशा पूर्णिमा रहती है और अँधेरा कभी नहीं होता। एक सूरज की बात कौन करता है, वहाँ तो करोड़ों सूरज चमक रहे हैं।

78

कहैं कबीर सुनो हो साधो, अंमृत-बचन हमार।
जो भल चाहो आपनो, परखो करो बिचार॥
जे करता तैं ऊपजै, तासों परि गयौ बीच।
अपनी बुद्धि बिबेक-बिन, सहज बिसाही मीच॥
यहि में ते सब मत चलै यही चल्यौ उपदेस।
निश्चय गहि निर्भय रहो, सुन परम तत्त संदेस॥
केहि गावो केहि ध्यावहू, छोड़ो सकल धमार।
यह हिरदे सबको बसे, क्यों सेवो सुन्न-उजाड़॥
दूरहि करता थापिकै, करो दूर की आस।
जो करता दूरै हुते, तो को जग सिरजै पास॥
जो जानो यहँ है नहीं, तो तुम धावो दूर।
दूर से दूर भ्रमि-भ्रमि, निष्फल मरो बिसूर॥
दुरलभ दरसन दूर के, नियर सदा सुख-बास।
कहैं कबीर मोहिं ब्यापिया, मत दुख पावै दास॥
आप अपनपौ चीन्हहू, नख-सिख सहित कबीर।
आनंद-मंगल गावहू, होहि अपनपौ थीर॥

सुनो साधु, कबीर कहते हैं कि हमारा वचन अमृत है। अगर भला चाहते हो तो हमारे वचन को परखो और उस पर विचार करो। तुम अपने कर्ता (रचयिता, सृजक) से अलग हो गए हो। तुमने अपनी बुद्धि खो दी है और सहज ही मौत को मोल ले लिया है। सारे मत यहीं से चलते हैं, सारे उपदेश यहीं से निकलते हैं। मन में निश्चय पैदा करो और भय त्याग दो और परम सत्य का संदेश मुझसे सुनो। तुम किसके गीत गाते हो, किसका ध्यान करते हो। अरे, साकार के इस भ्रम से बाहर निकलो। वह तो सबके हृदय में बसता

है फिर उजाड़ और निर्जन स्थानों में मारे-मारे फिरने से क्या फ़ायदा। अगर तुमने स्रष्टा को दूर रखा है तो स्पष्ट है कि तुम दूरी की पूजा कर रहे हो। अगर कर्ता (ईश्वर) सचमुच दूर है तो इस आस-पास की दुनिया को किसने पैदा किया है। अगर तुमने उसको दूर समझ लिया है तो तुम दूर से दूर उसकी खोज में जाओगे, लेकिन वह रोने-बिसूरने और आँसू बहाने से भी नहीं मिल सकता। जब वह दूर है तो उसका दर्शन भी दूर है। जब वह पास है तो सदा सुख ही सुख है। कबीर कहते हैं कि ऐ बंदे, क्यों दुख उठाता है, वह तो तेरे अस्तित्व में व्याप्त है। अपने-आप को पहचानो, कबीर, वह सिर से पाँव तक तुममें बसा हुआ है। आनंद-मंगल गाओ और अपने मन को स्थिर रखो।

79

ना मैं धर्मी नाहिं अधर्मी, ना मैं जती न कामी हो।
ना मैं कहता ना मैं सुनता, ना मैं सेवक-स्वामी हो।
ना मैं बँधा ना मैं मुक्ता, ना मैं बिरत न रंगी हो।
ना काहू से न्यारा हुआ, ना काहू के संगी हो।
ना हम नरक-लोक को जाते, ना हम सुर्ग सिधारे हो।
सब ही कर्म हमारा कीया, हम कर्मन तें न्यारे हो।
या मत को कोई बिरलै बूझै, सो अटर हो बैठे हो।
मत कबीर काहू को थापै, मत काहू को मेटे हो॥

न मैं धर्मात्मा हूँ, न अधर्मी। न मैं ब्रह्मचारी हूँ, न कामुक। न मैं बोलता हूँ, न सुनता हूँ। न मैं सेवक (उपासक) हूँ, न स्वामी (प्रभु)। न मैं बँधा हुआ हूँ, न मुक्त हूँ। न मैं विरक्त हूँ, न आसक्त (रंगी)। न किसी से अलग हूँ, न किसी के साथ। न हम नरक लोक को जाते हैं, न स्वर्ग को सिधारते हैं। सब कर्म हमने किए हैं लेकिन हम कर्म से अलग हैं। इस मत के समझने वाले बिरले ही हैं, लेकिन जिसने समझ लिया वह अटल होकर बैठ गया। कबीर ने न तो किसी मत की स्थापना की है, न किसी मत को मिटाया है।

80

सत्त नाम है सब तें न्यारा।
निर्गुन-सर्गुन सबद पसारा॥
निर्गुन बीज सर्गुन फल-फूला।

साखा ज्ञान नाम है मूला॥
मूल गहे तें सब सुख पावै।
डाल-पात में मूल गँवावै॥
साँई मिलानी सुख दिलानी।
निर्गुन-सर्गुन भेद मिटानी॥

सत्य नाम सबसे न्यारा है। निर्गुण और सगुण केवल शब्द हैं। निर्गुण बीज है और सगुण फल और फूल। ज्ञान उसकी डाल है और नाम उसकी जड़। जो जड़ तक पहुँच गया, उसे सब सुख मिल गए। जो डाल-पात में उलझ गया वह जड़ तक कभी नहीं पहुँचा। साँई से मिलना सुख प्राप्त करना है और उससे निर्गुण और सगुण का भेदभाव मिट जाता है।

81

प्रथम एक जो आपै आप। निरकर निर्गुन निर्जाप।
नहिं तब आदि-अंत-मध-तारा। नहिं तब अंध धुंध उजियारा॥
नहिं तब भूमि पवन-आकासा। नहिं तब पावक-नीर-निवासा॥
नहिं तब सरसुति-जमुना-गंगा। नहिं तब सागर-समुद-तरंगा॥
नहिं तब पाप-पुन्न नहिं वेद-पुराना। नहिं तब भये कतेब कुराना॥
कहैं कबीर विचारिकै, सब कुछ किरपा नाहिं।
परम पुरुष तहँ आप ही, अगम-अगोचर माहिं॥
करता कुछ खावै नहिं पीवै। करता कबहूँ मरै न जीवै॥
करता के कछु रूप न रेखा। करता के कछु बरन न भेखा॥
जाके जात-गोत कछु नाहीं। महिमा बरनि न जाए मो पाहीं।
रूप-अरूप नहिं तेरा नाँव। बर्न-अबर्न नहीं तेहि ठाँव॥

आरंभ में वह अकेला था और वह निराकार निर्गुण था और उसका कोई वर्णन नहीं किया जा सकता था। न तो आदि था, न अंत था और न मध्य, यह क्रम था ही नहीं। तब न अँधेरा था, न धुँधलका, न उजाला। न पृथ्वी थी, न हवा थी, न आकाश था। न आग थी, न पानी। न गंगा, जमुना और सरस्वती नदियाँ थीं, न समुद्र और उसकी लहरें। तब न पाप था, न पुण्य, न वेद और पुराण थे, न कुरान। कबीर सोच-विचारकर कहते हैं, तब तक कोई (ईश्वर की) लीला दिखाई नहीं देती थी। परम-पुरुष अगम और अगोचर की गहराइयों में खोया हुआ था।

कर्ता (सृष्टि का रचयिता) न कुछ खाता है, न पीता है। वह न मरता है न जीता है। उसका न कोई रूप है, न आकार (रेखा), न कोई रंग है, न भेष। उसकी न कोई जात-पाँत है, न गोत्र। उसकी महिमा मुझसे वर्णन नहीं की जाती। न उसका रूप है, न वह अरूप है, न उसका कोई नाम है। न उसका कोई रंग है, न बेरंग है। उसका कोई स्थान नहीं है।

82

कहैं कबीर बिचारि के, जाकै बर्न न गाँव।
निराकार और निर्गुना, है पूरन सब ठाँव॥
करता आनंद खेल लाई, ओंकार तें सृष्टि उपाई॥
आनंद धरती आनंद आकास। आनंद चंद-सूर परकास॥
आनंद आदि-मध-तारा। आनंद अंधकूप उजियारा॥
आनंद सागर-समुद्र-तरंगा।आनंद सरसुति जमुना-गंगा॥
करता एक और सब खेल। मरन-जनम बिरह मेल॥
खेल जल-थल सकल जहाना।खेल जानौं जमी असमाना॥
खेल का यह सकल पसारा। खेल माँहि रहै संसारा॥
कहैं कबीर सब खेलन माहीं।खेलनहार कों चीन्हैं नाहीं॥

कबीर सोच-विचारकर कहते हैं कि वह जिसका न कोई वर्ण है, न कोई ठिकाना, जो निराकार और निर्गुण है, सारी सृष्टि उसी से पूर्ण है। वह कर्ता है जिसने आनंद का खेल शुरू किया और ॐ ध्वनि से सारी सृष्टि को जन्म दिया। आनंद पृथ्वी है, आनंद आकाश है। चाँद और सूरज का प्रकाश आनंद है। आदि, अंत और मध्य का क्रम आनंद है, अँधेरा आनंद हैं, उजाला भी आनंद है। समुद्र आनंद है और उसकी लहरें आनंद हैं। आनंद हैं गंगा, जमुना और सरस्वती की धारा। कर्ता एक है और जन्म-मरण, विरह-मिलन सब उसके खेल (लीला) हैं। जल-थल, सारा संसार खेल है। पृथ्वी और आकाश ये भी खेल ही समझो। चारों ओर उसी की लीला व्याप्त है और इसी लीला में सारे संसार का अस्तित्व है। कबीर कहते हैं कि सारा संसार इसी खेल के अंदर है लेकिन खेलने वाले को कोई नहीं पहचानता।

83

झी-झी जंतर बाजै।
कर चरन बिहूना नाचै।
कर बिनु बाजै सुनै श्रवन बिनु
श्रवन श्रोता लोई।
पाट न सुबास सभा बिनु अवसर
बूझौ मुनि-जन सोई॥

यंत्र (बाजा) बज रहा है। हाथ हैं न पाँव लेकिन नाच हो रहा है। हाथ के बिना बाजा बज रहा है और कानों के बिना सुनाई दे रहा है। वही ख़ुद कान है और वही सुनने वाला। न कोई सिंहासन है, न कोई बैठने की जगह, और बिना किसी अवसर (दरबार) के सभा जमी हुई है। जो इस रहस्य को जान ले वही असली मुनि है।

84

मोर फकिरवा माँगि जाय,
मैं तो देखहू न पौल्यौं।
मंगन से क्या माँगिये,
बिन माँगे जो देय।
कहें कबिर मैं हौं वाही को,
होनी होय सो होय।

मेरा फ़क़ीर तो माँगकर चला भी गया, लेकिन मैंने तो उसकी झलक भी नहीं देखी। माँगने वाले से मैं क्या माँगूँ, वह तो बिन माँगे देता है। कबीर कहते हैं कि मैं तो उसी का हूँ, अब जो होना है हो जाए।

85

नैहर से जियरा फाट रे।
नैहर नगरी जिनके बिगड़ी, उसका क्या घर-बाट रे।
तनिक जियरवा मोर न लागै, तन मन बहुत उचाट रे।
या नगरी में लख दरवाजा, बीच समुंदर घाट रे।
कैसे कै पार उतरिहैं सजनी, अगम पंथ का पाट रे।

अजब तरह का बना तंबूरा, तार लगै मन मात रे।
खूँटी टूटी तार बिलगाना, क़ोउ न पूछत बात रे।
हँस हँस पूछै मातुपिता सों, भोरें सासुर जाब रे।
जो चाहैं सो वो ही करिहैं, पत वाही के हाथ रे।
न्हाय-धोय दुल्हिन होय बैठी, जोहै पिय की बाट रे।
तनिक घुँघटवा दिखाव सखी री, आज सोहाग की रात रे।
कहैं कबीर सुनो भाई साधो, पिया-मिलन की आस रे।
भोर होत बंदे याद करोगे, नींद न आवे खाट रे।

माँ-बाप के घर से जी उकता गया है। जिसके नैहर की नगरी बिगड़ गई, उसका न कोई घर है, न रास्ता। अब तो तनिक भी जी नहीं लगता, तन-मन उचाट रहता है। इस नगरी में लाख दरवाज़े हैं लेकिन बीच में समुद्र की बाधा है। सजनी, मैं कैसे पार उतरूँ, इस रास्ते का कोई ओर-छोर नहीं है।

यह तंबूरा अजब तरह से बना है। जब इसके तार बजने लगते हैं तो मन मुग्ध हो जाता है। लेकिन जब खूँटी टूट जाती है और तार अलग हो जाता है, तो फिर कोई उसकी बात नहीं पूछता। मैं हँस-हँसकर माँ-बाप से पूछती हँ कि भोर होते ही मैं ससुराल जाऊँगी। जो चाहेंगे वही करेंगे, अब तो लाज उन्हीं के हाथ है। पिया की प्रतीक्षा में नहा-धोकर दुल्हिन बनी बैठी हूँ। सखी, तनिक अपना घूँघट उठाओ, आज सोहाग की रात है। सुनो भाई साधु, कबीर कहते हैं कि पिया से मिलने की आशा है। खाट पर नींद नहीं आती, सुबह होगी तो मुझे याद करोगे।

86

जीव महल में सिव पहुनवाँ, कहाँ करत उनमाद रे।
पहुछा देवा करिलै सेवा, रैन चली आवत रे।
जुगन जुगन करै पतीछन, साहब का दिल लाग रे।
सूझत नाहिं परम सुख-सागर, बिना प्रेम बैराग रे।
सरवन सुर बुझि साहेब से, पूरन प्रगट भाग रे।
कहै कबीर सुनो भाग हमारा, पाया अचल सोहाग रे॥

जीवन के महल में शिव (परमात्मा) अतिथि है, तू कहाँ पागल बना फिर रहा है। अपने देवता की सेवा कर ले, रात बड़ी तेज़ी से चली आ रही है। मेरी राह देखते-देखते जाने कितने युग बीत गए, प्रभु का दिल मुझसे लग गया है। प्रेम और वैराग्य के बिना परम सुख का सागर दिखाई नहीं देता। जो सुर हमने सुना

था उसे अपने साहब से समझ लेने के बाद हमारे भाग जाग उठे हैं। कबीर कहते हैं कि हमारा भाग्य कितना अच्छा है कि मुझे अचल सोहाग मिल गया है।

87

गगन घटा घहरानी साधो, गगन घटा घहरानी।
पूरब दिस से उठी है बदरिया, रिमझिम बरसत पानी।
आपन आपन मेंड़ सम्हारो, बह्यौ जात यह पानी।
सुरत-निरत का बेल नहायन, करै खेत निर्वानी।
धान काट मार घर आवे, सोई कुसल किसानी।
दोनों थार बराबर परसैं, जेवैं मुनि और ज्ञानी॥

आकाश पर बादल गरज रहे हैं, साधुओ, आकाश पर बादल गरज रहे हैं। पूरब की ओर से घटा उठी है और रिमझिम-रिमझिम पानी बरस रहा है। अपने-अपने खेत की मेंड़ सँभालो नहीं तो यह पानी बहा जाता है। सुरत और निरत के बैल बाँधकर जो निर्वाण की खेती करता है और धान काटकर घर ले आता है वही कुशल किसान है। दोनों थालियों (सुरति और निरति) में बराबर खाना परोसता है जिसे मुनि और ज्ञानी खाते हैं।

88

आज दिन के मैं जाउँ बलिहारी।
पीतम साहेब आए मेरे पहुना, घर-आँगन लगे सुहौना॥
सब प्यास लगे मंगल गायन, भये मगन लखि छबि मनभावन॥
चरन पखारूँ बदन निहारूँ, तन-मन-धन सब साँई पै वारूँ॥
जा दिन पाये पिया धन सोई, होत अनंद परम सुख होई॥
सुरत लगी सतनाम की आसा, कहै कबीर दासन के दासा॥

आज का दिन धन्य है, इस पर न्यौछावर हो जाने को जी चाहता है। आज प्रियतम हमारे यहाँ मेहमान आए हैं, और घर और आँगन सुहावने लग रहे हैं। मेरी प्यास मंगल गा रही है और उसकी मनभावन छवि देखकर मगन हो उठी है। मैं उसके पैर धोती हूँ, उसके मुख को (प्यार से) देखती हूँ और अपना तन-मन-धन उस साँई पर न्यौछावर करती हूँ। यह दिन कितना शुभ है कि मुझे अपने पिया जैसी निधि मिल गई है, मेरे आनंद और सुख की कोई सीमा नहीं है। दासों के दास कबीर कहते हैं कि मुझे प्रेम हो गया है

और सतनाम की आसा में हृदय तड़प रहा है।

89

कोई सुनता है ज्ञानी राग गगन में, अवाज होती पानी।
सब घट पूरन पूर रहा है, सब सुरन के खानी॥
जो तन पाया खंड देखाया, तृस्ना नहीं बुझानी।
अंमृत छोड़ खंडरस चाखा, तृस्ना ताप तपानी॥
ओ अंग सो अंग बाजा बाजे, सुरत-निरत समानी।
कहैं कबीर सुनो भाई साधो, यही आद की बानी॥

है कोई ज्ञानी जो गगन के राग को सुने, जैसे तेज़ वर्षा हो रही हो। पूर्ण (पूरन-पूर्ण सत्ता) ने हर घट (शरीर) को अपने अस्तित्व से भर दिया है और सबको सोने की खान बना दिया है। जिसने तन पाया लेकिन केवल खंड (अपूर्ण) सत्य को देखा, उसकी तृष्णा कभी नहीं बुझी, उसने अमृत को छोड़कर खंड-रस (अशुद्ध रस) चखा और तृष्णा की अग्नि में जलता रहा। ओहं-सोहं का राग गूँज रहा है और सुरत-निरत एक हो गए हैं। सुनो भाई साधु, कबीर कहते हैं कि यही आदि की वाणी है।

90

मैं कासों कहों आपन पिय की बात री।
कहैं कबीर बिछुड़ नहिं मिलिहौ
ज्यों तरवर छोड़ बनधाम री॥

मैं अपने पिया की बात किससे कहूँ। कबीर कहते हैं कि एक बार बिछुड़ जाने के बाद पिया से मिलना संभव नहीं है, जैसे डाल से टूटने के बाद जंगल का फूल दुबारा उस डाल तक नहीं पहुँच सकता।

91

संसकिरत भाषा पढ़ि लीन्हा, ज्ञानी लोक कहो री।
आसा तृस्ना में बहि गयो सजनी, काम के ताप सहो री॥
मान-मनीकी मटुकी सिर पर, नाहक बोझ मरो री।
मटुकी पटक मिलो पीतम से, साहेब कबीर कहो री॥

मैंने संस्कृत भाषा पढ़ ली है, लोगो, अब मुझे ज्ञानी कहो। (लेकिन इससे क्या लाभ जब) आशा की तृष्णा बहाए ले जा रही है और कामनाओं की अग्नि जलाए डाल रही है। मान और अहंकार का बोझ सिर पर उठाए फिरना और उसके नीचे दबकर मरना बेकार है। कबीर कहते हैं कि इस बोझ को फेंक दो और प्रीतम से जा मिलो।

92

चरखा चलै सुरत बिरहिन का।
काया नगरी बनी अति सुंदर, महल बना चेतन का।
सुरत भाँवरी होत गगन में, पीढ़ा ज्ञान-रतन का।
मिहीन सूत बिरहिन कातै, माँझा प्रेम भगति का।
कहैं कबीर सुनो भाई साधो, माला गूँथो दिन रैन का।
पिया मोर ऐहैं पगा रखिहैं, आँसू भेंट देहौं नैन का॥

सुरत (प्रेम) की विरहिणी चरख़ा चला रही है। शरीर की नगरी बहुत सुंदर बनी हुई है और उसमें चेतना का महल बना है। आकाश में सुरत के फेरे पड़ रहे हैं और ज्ञान के रत्नों का बना हुआ आसन बिछा है। विरहिणी सूत को महीन कात रही है और उससे प्रेम और भक्ति का माँझा (ब्याह से पहले हल्दी लगने पर पहने जाने वाले कपड़े) तैयार हो रहा है। कबीर कहते हैं कि सुनो भाई साधु, मैं दिन और रात की माला गूँथ रहा हूँ। जब मेरे पिया आएँगे और (मेरे घर में) पैर रखेंगे तो मैं अपनी आँखों के आँसू भेंट चढ़ाऊँगी।

93

कोटिन भानु-चंद्र-तारा-गन छत्र की छाँह रहाई।
मन में मन नैनन में नैना, मन नैना इक हो जाई।
सुरत सोहागिन मिलन पिया को, तन कै नयन बुझाई।
कहैं कबीर मिलै प्रेम-पूरा, पिया में सुरत मिलाई॥

उसकी छत्रछाया में करोड़ों चाँद और करोड़ों तारे चमक रहे हैं। उसका मन मेरे मन में है, उसकी आँखें मेरी आँखों में हैं, अब मन और आँख दोनों एक हो गए हैं। सुरत सुहागिन ने पिया से मिलने के लिए अपने तन के नैन बंद कर लिये हैं (मन के नैन खोल लिये हैं)। कबीर कहते हैं कि पूरा प्रेम उस समय मिलता है जब अपना प्यार प्रीतम में समा जाता है।

94

अवधू बेगम देस हमारा।
राजा-रंक-फकीर-बादसा सबसे कहौं पुकारा।
जो तुम चाहो परम पद को, बसिहो देस हमारा॥
जो तुम आये झीने होके, तजो मन की भारा।
धरन-अकास-गगन कछु नाहीं, नहीं चंद्र नहिं तारा॥
सत्त-धर्म की हैं महताबें, साहेब के दरबारा।
कहैं कबीर सुनो हो प्यारे, सत्त-धर्म है सारा॥

अवधू, हमारा देश वह है जहाँ कोई ग़म नहीं है। यह बात हम राजा और भिखारी, फ़क़ीर और बादशाह सबसे पुकार-पुकारकर कह रहे हैं। अगर तुम परम पद को पाना चाहते हो तो हमारे देश में आकर बस जाओ। अगर तुम थककर चूर हो गए हो तो यहाँ मन का बोझ हलका कर लो। इस जगह ज़मीन, आसमान, चाँद-तारे कुछ भी नहीं। प्रभु के दरबार में सत्य-धर्म की महताबें जगमगा रही हैं। प्यारे भाई सुनो, कबीर कहते हैं कि सत्य-धर्म ही सबकुछ है और बाक़ी कुछ नहीं।

95

साँई के संग सासुर आई।
संग ना रही स्वाद ना जान्यो, गयो जोबन सुपने को नाँई।
सखी-सहेली मंगल गावैं, सुखदुख माथे हरदी चढ़ाई।
भयौ बिबाह चली बिन दूलह, बाट जात समधी समझाई।
कहैं कबीर हम गौने जैबे, तरब कंत लै तूर बजाई॥

मैं अपने स्वामी (साँई) के साथ ससुराल आई। उसके साथ रही नहीं, प्रणय का स्वाद नहीं जाना। यौवन सपने की तरह आया और चला गया। ब्याह के दिन सखियों ने मंगल गाया और मेरे माथे पर सुख-दुख की हल्दी लगाई, लेकिन जब ब्याह हो चुका तो मैं दूल्हा के बिना चल दी। रास्ते में सगे-संबंधियों ने मुझे समझाया। कबीर कहते हैं कि हम प्रीतम के प्रेम के गीत गाते हुए गौने जाएँगे।

96

समुझ देख मन मीत पियरवा,
आसिक होकर सोना क्या रे।
पाया हो तो दे ले प्यारे,
पाय पाय फिर खोना क्या रे।
जब अँखियन मैं नींद घनेरी,
तकिया और बिछौना क्या रे।
कहैं कबीर प्रेम का मारग,
सिर देना तो रोना क्या रे।

देख मेरे मन के मीत, प्यारे इस बात को समझ ले कि प्रेमी होकर सोना कैसा। अगर तूने पाया है तो दिल खोलकर दे; उसे पाकर खो देने का सवाल नहीं पैदा होता। जब आँखों में घनेरी नींद बसी हो तो फिर तकिये और बिस्तर की क्या ज़रूरत है। कबीर कहते हैं कि प्रेम के मार्ग में सिर दिया है तो रोना कैसा।

97

नारद, प्यार सो अंतर नाहीं।
प्यार जागै तौही जागूँ प्यार सोवै तब सोऊँ॥
जो कोई मेरे प्यार दुखावै जड़ा-मूल सों खोऊँ॥
जहाँ मेरा प्यार जस गावै तहाँ करौं मैं बासा।
प्यार चले आगे उठ धाऊँ मोहिं प्यार की आसा॥
बेहद्द तीरथ प्यार के चरननि कोट भक्त समाय।
कहैं कबीर प्रेम की महिमा प्यार देत बुझाय॥

ओ नारद, मेरा प्यार (प्रीतम) मुझसे दूर नहीं है। जब वह जागता है तो मैं भी जागता हूँ और प्यार सोता है तो मैं भी सोता हूँ। जो मेरे प्रियतम को दुख पहुँचाता है उसको मैं जड़-मूल से नष्ट कर देता हूँ। मैं वहाँ रहता हूँ जहाँ मेरे प्रियतम का यशगान होता है। जब वह चलता है तो उससे पहले उठकर भागता हूँ। मुझे तो बस अपने प्रियतम से मिलने की अभिलाषा है। उसके तीरथ अनेक हैं और उसके चरणों में करोड़ों प्रेमी बैठे हैं। कबीर कहते हैं कि प्रेम की महिमा प्रियतम ही समझा सकता है।

98

कोई प्रेम की पेंग झुलावै।
भुज के खंभ और प्रेम के रस से,
तन-मन आजु झुलाव रे।
नैनन बादर की झर लाओ,
श्याम घटा उर छाव रे।
आवत आवत श्रुत की राह पर,
फिकर पिया को सुनाव रे।
कहत कबीर सुनो भाई साधो,
पिया को ध्यान चित लाव रे।

आज कोई प्रेम का झूला झुलाओ। प्रियतम की बाँहों में झूला डालकर और प्रेम-रस में डूबकर तन-मन की पेंग बढ़ाओ। नैनों के बादलों की झड़ी लगा दो और हृदय पर काली घटा छा जाने दो। आते-आते बिलकुल प्रियतम के कान के पास आ जाओ और उसे अपने मन की व्याकुलता का हाल बताओ। सुनो भाई साधु, कबीर कहते हैं कि अपने पिया के ध्यान में लीन हो जाओ।

99

अंमृत बरिसै हीरा निपजै,
घंटा पड़ै टकसाल।
कबीर जुलाहाँ भया पारषू,
अनभै उतरया पार॥1॥
कबीर हरि-रस यों पिया,
बाकी रही न थाकि
पाका कलस कुम्हार का,
बहुरि न चढ़ई चाकि॥2॥

अमृत बरस रहा है और हीरा उत्पन्न हो रहा है। टकसाल का घंटा इस बात की घोषणा कर रहा है। कबीर जुलाहा पारखी बन गया है और बिना किसी भय के पार उतर गया है। कबीर ने हरि-रस इस तरह पिया है कि अब प्यास बाक़ी नहीं रह गई है, जैसे कुम्हार के पक्के घड़े को दुबारा चाक पर चढ़ाने की ज़रूरत नहीं रह जाती।

100

हौं तो सबही की कहों, मोकों कोउ न जान।
तबौं भला अब भी भला, जुग जुग होउँ न आन॥1॥
कलि खोटा, जग आँधरा, सब्द न मानै कोय।
जाहि कहौं हित आपुना, सो उठि बैरी होय॥2॥
मसि-कागज छूयो नहीं, कलम गही नहिं हात।
चारिउ जुग को महातम मुखहिं जनाई बात॥3॥
बोली हमरी पूर्व की, हमें लखै नहिं कोय।
हमको तो सोई लखै, धुर पूरब का होय॥4॥

मैं तो सबकी कहता हूँ लेकिन मुझे कोई नहीं जानता। मैं तब भी भला था और अब भी भला हूँ और कई युग बीत जाने के बाद भी मुझमें कोई परिवर्तन नहीं होगा। कलियुग खोटा है और दुनिया अंधी है, शब्द को कोई नहीं जानता। जिससे उसके हित की बात कहता हूँ वही मेरा बैरी हो जाता है। काग़ज़ और स्याही मैंने कभी छुआ नहीं और क़लम को कभी हाथ नहीं लगाया, चारों युगों का माहात्म्य मैंने अपने मुख से वर्णन किया। मेरी बोली पूरब की है और इसलिए हमें कोई महत्त्व नहीं देता। हमारा महत्त्व तो वही जाने जो ख़ुद धुर पूरब का हो।

101

अवधू, कुदरति की गति न्यारी।
रंक निवाज करै वह राजा, भूपति करै भिखारी॥
ये ते लवंगहिं फल नहिं लागे, चंदन फूल न फूले।
मच्छ शिकारी रमै जंगल में सिंह समुद्रहि झूलै॥
रेड़ा सूख भया मलयागिर, चहुँ दिसि फूटी बासा।
तीन लोक ब्रह्माण्ड खंड में, देखै अंध तमासा॥
पंगुल मेरु सुमेर उलंघै, त्रिभुवन मुक्ता डोलै॥
गूँगा ज्ञान-विज्ञान प्रकासै, अनहद बानी बोलै॥
बाँधि अकास पताल पठावै, सेस सरग पर राजै।
कहैं कबीर राम हैं राजा, जो कछु करैं सो छाजै॥

ऊधो, प्रकृति का खेल विचित्र है। यदि फ़क़ीर को नवाज़े तो राजा कर दे

और राजा पर बिगड़े तो उसे भिखारी बना दे। यह उसी का खेल है कि लौंग में फल नहीं लगता और चंदन फूल से वंचित है, हालाँकि उसकी सुगंध चारों ओर फैली रहती है (यदि वह चाहे तो लौंग में फल लग जाएँ और चंदन में फूल खिलने लगें)। मगरमच्छ शिकार के लिए जंगल में घूमें और सिंह समुद्र में ग़ोते लगाएँ। रेंड़ का वृक्ष चंदन से भरे जंगलों का पहाड़ बन जाए और चारों ओर सुगंध फैलने लगे। अंधा त्रिलोक के दर्शन कर ले, लँगड़ा सुमेरु पहाड़ लाँघ जाए और तीनों लोक में आज़ादी से घूमे। गूँगा ज्ञान-विज्ञान की बातें करे और अनहद गीत गाने लगे और यदि वह चाहे तो आकाश को उठाकर पाताल में फेंक दे और शेषनाग को स्वर्ग में भेज दे। कबीर कहते हैं कि राम राजा हैं, वह जो कुछ भी करें उन्हें शोभा देता है।

102

उलटि जात-कुल दोऊ बिसारी। सुन्न सहज महिं बुनत हमारी।
हमरा झगरा रहा न कोऊ। पंडित-मुल्ला छाँड़ै दोऊ।
बुनि बुनि आप आप पहिरावों। जहँ नहीं आप तहाँ ह्वै गावों।
पंडित-मुल्ला जो लिखि दीया। छाँड़ि चले हम कछु न लीया।
रिदै खलासु निरखि ले मीरा। आजु खोजि खोजि मिलै कबीरा॥

हमने जाति और कुल दोनों को भुला दिया है और हमारी बुनत शून्य और सहज में जारी है। हमारा झगड़ा किसी से नहीं रहा। हमने पंडित और मुल्ला दोनों की ओर से मुँह मोड़ लिया है। आप ही बुनता हूँ और आप ही पहनता हूँ और जहाँ स्वयं को नहीं पाता वहाँ जाकर गाता हूँ। पंडित और मुल्ला ने जो लिखा उसमें से हमने कुछ भी नहीं लिया। ऐ मीर, देख ले, मेरा दिल बिलकुल ख़ाली है। अब कबीर उस मंज़िल में पहुँच गया है कि बहुत तलाश करने के बाद ही मिल सकता है।

103

बूझहु पंडित, करहु बिचारी, पुरुष अहै की नारी।
बाम्हन के घर बाम्हनि होती, योगी के घर चेली।
कलमा पढ़ि पढ़ि भई तुरुकिनी, कलि में रही अकेली॥
बर नहिं बरै ब्याह नहिं करई, पुत्र-जन्म-होनिहारी।
कारे-मूँडे एक नहिं छाँड़े, अब ही आदिकुँवारी॥

रहै न मैके जाइ न ससुरे साँई के सँग सोवै।
कह कबीर वह जुग जुग जीवै जाति-पाँति कुल खोवै॥

अय पंडित, तू सोच-विचारकर यह पहेली बूझ कि वह (माया) पुरुष है या नारी। ब्राह्मण के घर वह ब्राह्मणी होती है और योगी के घर चेली बन जाती है। कलमा पढ़कर वह मुसलमान हो जाती है और फिर भी इस सारे झगड़े में सबसे अलग रहती है। पति नहीं रखती, विवाह नहीं करती फिर भी गर्भवती है। किसी को छोड़ती भी नहीं फिर भी कुँवारी है। मैके में रहती नहीं, ससुराल जाती नहीं लेकिन साँई के साथ सोती अवश्य है। कबीर कहते हैं कि वह (माया) जात-पाँत, कुल-ख़ानदान कुछ नहीं रखती मगर शाश्वत है।

104

राम तेरी माया दुंद मचावै।
गति-मति बाकी समझि परै नहिं, सुर-नर मुनिहिं नचावै॥
का सेमर के साखा बढ़ये, फूल अनूपम बानी।
केतिक चातक लागि रहे हैं, चाखत सुवा उड़ानी॥
कहा खजूर बड़ाई तेरी, कल कोई नहीं पावै।
ग्रीखम रित अब आई तुलानी, छाया काम न आवै॥
अपना चतुर और को सिखवै, कामिनि-कनक सयानी।
कहैं कबीर सुनो हो संतो, राम-चरण रति मानी॥

राम तेरी माया ने द्वंद्व मचा रखा है। उसकी गति समझ में नहीं आती। देवता, मनुष्य, ऋषि और मुनि सबको नचाती रहती है। माया ने सेमल की शाखा की तरह जो यह अपनी शाखाएँ फैला रखी हैं उससे एक फ़ायदा है। तरह-तरह के फूल खिलते हैं, कितने ही पपीहे आकर बैठते हैं और तोते फल खाकर उड़ जाते हैं। ख़जूर के पेड़, तेरी बड़ाई बेकार है। तुझसे किसी को आराम नहीं मिलता। गर्मी का मौसम आ गया है और तेरी छाया काम नहीं आती। माया अपनी चालाकी औरों को सिखा देती है और औरत तथा सोने में यही सियानापन और धोखा है। सुनो संतो, कबीर कहते हैं कि हमने तो राम (भगवान) के चरणों से लौ लगाने का मार्ग अपना लिया है।

105

ई माया रघुनाथ की बौरी, खेलन चली अहेरा हो।
चतुर चिकनिया चुनि चुनि मारे, काहु न राखे नेरा हो।
मौनी-बीर-दिगंबर मारे, ध्यान धरंते जोगी हो।
जंगल में के जंगम मारे, माया किन्हहुँ न भोगी हो।
बेद पढ़ंते बेदुआ मारे, पुजा करंते सामी हो।
अरथ बिचारत पंडित मारे, बाँधेउ सकल लगामी हो।
सिंगी रिषि बन भीतर मारे, सिर ब्रह्मा का फोरी हो।
नाथ मछंदर चले पीठि दै, सिंहलहू में बोरी हो।
साकट के घर करता-धरता हरि-भगतन की चेरी हो।
कहहिं कबीर सुनहु हो संतो, जौं वावै तौं फेरी हो॥

यह माया जो रघुनाथ (भगवान) की दिवानी है, शिकार खेलने निकली है। बड़े-बड़े चालाक और चतुर लोगों को चुन-चुनकर मारती है और किसी को अपने निकट नहीं आने देती। कहीं वह मौनी, बीर और दिगंबर को मारती है और कहीं ध्यान में खोए हुए जोगी को और कहीं जंगलों में रहने वाले जंगम साधुओं को। कहने का मतलब यह है कि माया से किसी को लाभ नहीं पहुँचा। वह वेद पढ़ते हुए ब्राह्मणों को भी मार लेती है और पूजा करते हुए स्वामियों को भी और अर्थ समझने वाले पंडितों को भी। उसने सबके मुँह में लगाम लगा दी है। वह जंगल में जाकर शृंगी ऋषि को मारती है और ब्रह्मा का सिर फोड़ देती है। उसके फ़रेब ने मछिंदर नाथ को भी, जो माया की ओर से मुँह मोड़कर चले थे, लंका में जाके डुबो दिया। माया दुनियादार के घर में कर्ता-धर्ता बन बैठती है लेकिन हरि की भक्ति में खोये हुए लोगों की दासी हो जाती है।

106

बाँगड़ देस लूवन का घर है, तहँ जिनि जाइ दाझन का डर है।
सब जग देखौं कोई न धीरा, परत धूरि सिर कहत अबीरा॥
न तहाँ सरवर न तहाँ पाणी, न तहाँ सतगुरु साधू-वाणी।
न तहाँ कोकिल न तहाँ सूवा, ऊँचै चढ़ि हंसा मूवा॥
देस मालवा गहर गँभीर, डग डग रोटी पग पग नीर।
कहैं कबीर धरती मन माँनाँ, गूँगे का गुड़ गूँगै का जाणा॥

बाँगड़ देश (पश्चिमी भाग) गरम लूओं का देश है। वहाँ मत जाओ, जल जाने का डर है। मैं सारे संसार को देखता हूँ, किसी के दिल में संतोष और शांति नहीं है। सिर पर जो धूल पड़ती है उसे वह अबीर समझते हैं। न वहाँ झील है, न पानी। न सत्गुरु है, न साधु की आवाज़। न वहाँ कोयल है, न तोता और हंस ऊँचा उड़ते-उड़ते मर गया। लेकिन मालवे का देश गहर गंभीर है। वहाँ क़दम-क़दम पर रोटी और क़दम-क़दम पर पानी है। कबीर कहते हैं कि इस संसार की हैसियत वही है जिस पर विश्वास कर लिया गया है। गूँगा गुड़ खाकर उसका स्वाद नहीं बता सकता।

107

रहना नहिं देस बिराना है।
यह संसार कागद की पुड़िया, बूँद पड़े घुल जाना है।
यह संसार काँट की बाड़ी, उलझ-पुलझ मरि जाना है।
यह संसार झाड़ औ झाँखर, आग लगे बरि जाना है।
कहत कबीर सुनो भाई साधो, सतगुरु नाम ठिकाना है॥

यह पराया देश है, यहाँ नहीं रहना है। यह संसार काग़ज़ की पुड़िया है जो एक बूँद पानी से गल जाती है। यह काँटों की झाड़ी है जिसमें उलझकर लोग मर जाते हैं। यह झाड़-झंखाड़ है जो आग लगते ही जल जाता है। कबीर कहते हैं कि सुनो भाई साधु, सतगुरु का नाम ही आख़िरी ठिकाना है।

108

"तुम्ह घरि जाहु हमारी बहना, विष लागैं तिहारे नैना॥
अंजन छाँड़ि निरंजन राते, ना किसहीं का दैना।
बलि जाऊँ ताकि जिनि तुम्ह पठई, एक भाई एक बहना॥"
"राती खाँडी देखि हमारा सिंगारो।
सरगलोक तें हम चलि आई, करन कबीर भरतारी॥"
"सरगलोक में क्या दुख पड़िया, तुम्ह आई कलिमाँहीं।
जाति जुलाहा नाम कबीरा, अजहुँ पतीजौ नाहीं॥
तहाँ जाहु जहाँ पाट-पटंबर अगर चंदन घसि लीना।
आइ हमारै कहा करौगौ, हम तौ जाति कमीना॥
जिनि हम साजे साज्य निवाजे, बाँधे काचै धागे।

जे तुम्ह जतन करौ बहुतेरा, पाणी आगि न लागै॥
साहिब मेरा लेखा माँगै, लेखा क्यूँ करि दीजै।
जे तुम्ह जतन करौ बहुतेरा, तो पाहण नीर न भीजै॥
जाकी मैं मछी सो मेरा मछा सो मेरा रखवालू।
टुक एक तुम्हारै हाथ लगाऊँ तौ राजाराम रिसालू॥
जाति जुलाहा नाम कबीरा बनि बनि फिरौं उपासी।
आसि-पासि तुम्ह फिरि फिरि वैसौ एक माउ एक मासी॥"

"मेरी बहन (माया), तुम अपने घर जाओ। तुम्हारी आँखें ज़हर लग रही हैं। मैंने अंजनरूप संसार को छोड़कर निरंजन को अपना लिया है। अब मुझे किसी से कुछ लेना-देना नहीं है। मैं उस पर बलि जाऊँ जिसने तुम्हें यहाँ भेजा है। हम दोनों तो बहन-भाई हैं।"

"अय कबीर इस लाल तलवार को देखो, यह मेरा श्रृंगार देखो। मैं स्वर्गलोक से उतरकर आई हूँ और तुम्हें अपना पति बनाना चाहती हूँ।"

"स्वर्ग में तुम्हें क्या तकलीफ़ थी जो तुमने इस कलयुगी दुनिया में आने का कष्ट किया। हम जाति के जुलाहे हैं और हमारा नाम कबीर है। हमें तो कभी किसी ने पूछा नहीं। तुम वहाँ जाओ जहाँ तख़्त बिछे हैं, बाग़ सजे हैं और अनाज के बोरे भरे हैं। रेशम की भरमार है, अगर और चंदन घिसा जा रहा है। हमारे पास आकर क्या करोगी। हम तो नीच लोग हैं। जिसने हमें पैदा किया है और जिसकी दयादृष्टि हम पर है उसने हमें अपने प्यार के कच्चे धागे में बाँध लिया है (दूसरे अर्थ में जहाँ जिनि का मतलब मत या नहीं है इन सजावटों से हमें मत नवाज़ो और हमें कच्चे धागे में बाँधने की कोशिश मत करो)। तुम चाहे जितने जतन करो, पानी में आग नहीं लगा सकोगी (मुझे अपनी ओर आकर्षित नहीं कर सकोगी)। मेरा मालिक तो लेखा माँगता है, वह मैं उसे कैसे दिखाऊँगा। तुम चाहे जितने जतन करो पत्थर में पानी नहीं सोख सकता। मैं जिसकी मछली हूँ वही मेरा मछेरा है। वही मेरा रखवाला है। यदि तुम्हें हाथ भी लगा दूँ तो राम मुझसे रूठ जाएँगे। मैं तो जाति का जुलाहा हूँ और जंगल-जंगल भूखा-प्यासा मारा-मारा फिरता हूँ। तुम मेरे आसपास घूमो और बैठो। हमारी माँ और मौसी एक ही है (यानी हम सगे बहन-भाई हैं)।"

109

माया महा ठगनी हम जानी।
तिरगुन फाँसि लिये कर डोलै, बोलै मधुरी बानी।

केसव के कमला होइ बैठी, सिव के भवन भवानी।
पंडा के मूरत होइ बैठी तीरथहू में पानी।
जोगी के जोगिन होइ बैठी, राजा के घर रानी।
काहू के हीरा होइ बैठी, काहू के कौड़ी कानी।
भक्तन के भक्तिन होइ बैठी, ब्रह्मा के ब्रह्मानी।
कहैं कबीर सुनो भाई साधो, यह सब अकथ कहानी।

हम माया को बहुत बड़ी ठगनी समझते हैं, उसके हाथ में त्रिगुण की फाँसी का फंदा है और होंठों पर मीठे बोल। केशव (विष्णु) के यहाँ कमला (लक्ष्मी) बन बैठी और शिव के यहाँ भवानी। पंडे घर मूर्ति बनी बैठी है और तीर्थ में पानी। जोगी के घर में जोगन हो गई और राजा के घर रानी। किसी के यहाँ हीरा बनकर आई और किसी के यहाँ कानी कौड़ी। भक्तों के यहाँ भक्तिन हो गई और ब्रह्मा के घर ब्रह्मानी। सुनो भाई साधु, कबीर कहते हैं कि यह अकथनीय कथा है।

110

या करीम बलि हिकमति तेरी,
खाक एक सूरति बहुतेरी॥
अर्ध गगन मैं नीर जमाया,
बहुत भाँति करि नूरनि पाया॥
अवलिय-आदम-पीर-मुलाना
तेरी सिफति करि भये दिवाना॥
कहैं कबीर यह हेतु बिचारा
या रब या रब यार हमारा॥

अय करीम, मैं तेरी हिकमत पर क़ुरबान जाऊँ। ख़ाक एक है लेकिन सूरतें हज़ारों हैं। तूने मध्य आकाश में पानी को स्थापित किया और भाँति-भाँति के प्रकाश फैलाए। औलिया, आदम, पीर, मौलवी सब तेरी प्रशंसा करते-करते दिवाने हो गए। कबीर कहते हैं कि हमने तो बस यह सोचा है कि यारब हमारा यार है।

111

पाँड़े बूझि पियहु तुम पानी।
जिहि मिटिया के घरमहँ बैठे, तामहँ सिस्ट समानी।
छपन कोटि जादव जहँ भींजे, मुनिजन सहस अठासी॥
पैग पैग पैगंबर गाड़े, सो सब सरि भा माँटी।
तेहि मिटिया के भाँड़े पाँड़े, बूझि पियहु तुम पानी॥
मच्छ-कच्छ घरियार बियाने, रुधिर-नीर जल भरिया।
नदिया नीर नरक बहि आवै, पसु-मानुस सब सरिया॥
हाड़ झरि झरि गूद गरि गरि, दूध कहाँ तें आया।
सो लै पाँड़े जेवन बैठे, मटियहिं छूति लगाया॥
बेद कितेब छाँड़ि देउ पाँड़े, ई सब मन के भरमा।
कहहिं कबीर सुनहु हो पाँड़े, ई तुम्हरे हैं करमा॥

पाँड़े, यह तुम्हारी मूर्खता है कि तुम पहले जाति पूछते हो, फिर उसके हाथ का पानी पीते हो। तुम जिस मिट्टी के घर में बैठे हो उसमें सारी सृष्टि समाई हुई है। छप्पन करोड़ यादव और अठासी हज़ार मुनि यहाँ डूब गए और क़दम-क़दम पर गड़े हुए पैग़म्बरों की लाशें सड़कर मिट्टी हो गई हैं। अय पाँड़े, ये बर्तन उसी मिट्टी के हैं और तुम जाति पूछकर पानी पीते हो। इस पानी में मगर, कछुए और घड़ियाल बच्चे देते हैं और उनका ख़ून पानी में मिल जाता है। इस नदी के पानी में सारा नर्क (गंदी चीज़ें) बहकर आता है और जानवर और इनसान सब इसमें सड़ते हैं। जब हड्डी और गूदा गल जाता है तब दूध बनता है। इस दूध को लेकर पाँड़े भोजन करने बैठते हैं लेकिन सारी छुआछूत मिट्टी में मानते हैं। अय पाँड़ेजी, वेद और क़ुरान सबको छोड़ दो। ये सब दिल का धोखा हैं। सुनो पाँड़ेजी, कबीर कहते हैं कि ये तुम्हारे कर्म हैं जो तुम्हारे सामने आते हैं।

112

साधो, पाँड़े निपुन कसाई।
बकरि मारि भेड़ि को धाये, दिल में दरद न आई।
करि अस्नान तिलक दै बैठे, विधि सों देवि पुजाई।
आतन मारि पलक में बिनसे, रुधिर की नदी बहाई।
अति पुनीत ऊँचे कुल कहिये, सभा माहिं अधिकाई।
इनसे दिच्छा सब कोई माँगे, हँसि आवे मोहिं भाई।

पाप-कटन को कथा सुनावैं, करम करावैं नीचा।
बूड़त दोउ परस्पर दीखे, गहे बाँहि जम खींचा।
गाय बधै सो तुरक कहावै, यह क्या इनसे छोटे।
कहैं कबीर सुनो भाई साधो, कलि में बाम्हन खोटे॥

अय साधु, ये पाँड़े बड़े कुशल क़साई हैं। बकरी का बलिदान करके भेड़ की ओर लपकते हैं। इनके दिल में दया नाममात्र की भी नहीं है। स्नान करके तिलक लगाकर बैठते हैं और बड़ी विधि से भगवान की पूजा करते हैं। ये अपनी आत्मा को क्षण-भर में मार देते हैं और ख़ून की नदियाँ बहा देते हैं। ये बड़े पवित्र हैं और कुलीन घराने से संबंध रखते हैं। सभा में इनका बड़ा मान है। सब लोक इनसे दीक्षा लेते हैं और मुझे यह देखकर बड़ी हँसी आती है। लोगों के पाप काटने के लिए ये कथा सुनाते हैं और उनसे नीच काम करवाते हैं। मैंने दोनों को एक साथ डूबते देखा है। जिसको इन्होंने सहारा दिया उसी को ले डूबे। जो गाय को मारे वह मुसलमान कहलाता है लेकिन क्या ये पाँड़े उन मुसलमानों से कुछ कम हैं। कबीर कहते हैं कि कलियुग में ब्राह्मण बहुत खोटे हो गए हैं।

113

पाँड़े न करसी बाद-बिबादं,
या देही बिन सबद न स्वादं।
अंड ब्रह्मंड खंड भी माटी,
माटी नवनिधि काया।
माटी खोजत सतगुरु भेट्या,
तिनु कछु अलख लखाया।
जीवत माटी मूवा भी माटी
देखौ ग्यान बिचारी।
अति काली माटी मैं बासा
लेटे पाँव पसारी॥
माटी का चित्र पवन का थंभा
व्यंद संजोगि उहाया।
भाँनैं घड़ै सँवारै सोई,
यहु गोव्यंद की माया।
माटी का मंदिर ग्यान का दीपक
पवन बाति उजियारा॥

तिहि उजियारै सब जग सूझै,
कबीर ग्यान बिचारा॥

देखो पाँड़े, व्यर्थ वाद-विवाद न करो। इस शरीर के बिना न तो शब्द है और न शब्द का स्वाद। यह धरती, यह ब्रह्मांड, इसका कोई अंश या पूर्ण सब मिट्टी है। यह नवनिधियों की काया (शरीर, जो भाँति-भाँति के ख़ज़ानों से परिपूर्ण है) भी मिट्टी है। इस मिट्टी की खोज में (स्वयं को पहचानने में) सत्गुरु से भेंट हुई और उन्होंने थोड़े-से रहस्य पर से परदा उठाया (अनदेखे को दिखाया)। ज़रा ज्ञान-ध्यान से काम लो तो मालूम होगा कि जीवित भी मिट्टी है और मुर्दा भी मिट्टी है। इस अत्यंत काली मिट्टी में हम रहते हैं। इसमें पाँव फैलाए लेटे हुए हैं। हवा के स्तंभ पर लगा यह मिट्टी का चित्र वह संयोग है जिसे एक बिंदु ने प्रकट किया है। यह गोविंद (भगवान) की शक्ति का चमत्कार है कि वह मिट्टी को तोड़ता, बनाता और सँवारता रहता है। मिट्टी का मंदिर है जिसमें ज्ञान का दीपक जल रहा है और हवा की बत्ती का प्रकाश फैल रहा है। कबीर सोच-विचारकर कहते हैं कि इस प्रकाश से सारा जग दिखाई देता है।

114

मन बनियाँ बनिज न छोड़ै।
जनम जनम का मारा बनियाँ, अजहूँ पूर न तौले।
पासँग कै अधिकारी लैले, भूला भूला डोलै।
घर में दुबिधा कुमति बनी है, पल में चित्त तोरै।
कुनबा वाके सकल हरानी, अंमृत में विष घोलै।
तुमहीं जल में तुमहीं थल में, तुमहीं घट घट बोलै।
कहैं कबीर या सिष को डरिये, हिरदे गाँठि न खोलै॥

वन का बनिया अपना बनियापन नहीं छोड़ता। यह जनम-जनम का मारा आज भी पूरा नहीं तौलता। कम तौलने को उसने अपना अधिकार समझ लिया है और उसके घमंड में भूला-भूला रहता है। दुविधा ने उसकी बुद्धि भ्रष्ट कर दी है और वह हर पल अपने अंतःकरण को घायल करता है। उसका सारा कुटुंब हरामी है जो अमृत में विष घोलता है। (प्रत्यक्ष यही कहता रहता है कि) जल-थल में तुम ही तुम हो, हर शरीर के अंदर तुम बोल रहे हो (लेकिन मन में इस पर विश्वास नहीं है)। कबीर कहते हैं कि ऐसे ज्ञान से डरते रहो जो दिल की गाँठ नहीं खोलता (दिल की बात प्रकट नहीं करता)।

115

मेरा तेरा मनुआँ कैसे इक होई रे।
मैं कहता हौं आँखिन देखी, तू कहता कागद की लेखी।
मैं कहता सुरझावनहारी, तू राख्यौ उरझाई रे।
मैं कहता तू जागत रहियो, तू रहता है सोई रे।
मैं कहता निर्मोही रहियो, तू जाता है मोही रे।
जुगन जुगन समुझावत हारा, कही मानत कोई रे।
तू तो रंडी फिरै बिहंडी, सब धन डारे खोई रे।
सतगुरु धारा निर्मल बाहै, वामैं काया धोई रे।
कहत कबीर सुनो भाई साधो, तब ही वैसा होई रे॥

मेरा और तेरा दिल एक कैसे हो सकता है। मैं आँखों देखी कहता हूँ और तू किताबों में लिखी बात सुनाता है। मैं सुलझाने वाली बात कहता हूँ और तू उलझाने वाली। मैं कहता हूँ कि जागते रहना और तू सोता रहता है। मैं कहता हूँ कि संसार से दिल न लगाना और तू उसके मोह में फँसा हुआ है। समझाते-समझाते युग बीत गए परंतु मेरी कही बात कोई मानता नहीं। तू तो रंडी की तरह आवारा है और सारी धन-संपत्ति (अंतःकरण का सतीत्व) खो बैठा है। कबीर कहते हैं कि सत्गुरु निर्मल और पवित्र जल की धारा हैं। जो कोई इस पानी से अपनी काया को धो लेगा वही सत्गुरु जैसा हो सकता है।

116

दुलहिन अँगिया काहे न धोवाई।
बालपने की मैली अँगिया विषय-दाग परि जाई।
बिन धोये पिय रीझत ना हीं, सेज से देत गिराई।
सुमिरन ध्यान कै साबुन करि ले सत्तनाम दरियाई।
दुबिधा के भेद खोल बहुरिया मन कै मैल धोवाई।
चेत करो तीनों पन बीते, अब तो गवन नगिचाई।
पालनहार द्वार हैं ठाढ़ै अब काहे पछिताई।
कहत कबीर सुनो री बहुरिया चित अंजन दे आई॥

अय दुल्हिन, तूने अपनी अँगिया क्यों नहीं धुलवाई। यह बचपन की मैली अँगिया है जिस पर विषय-वासना के धब्बे पड़े हुए हैं। इसे बिना धोये प्रियतम रीझते

नहीं हैं और सेज से नीचे गिरा देते हैं। भगवान की याद को अपना साबुन बना ले और सत्त नाम को दरिया। अय दुल्हिन, दुविधा की गाँठें खोल दे और मन का मैल धो डाल। ज़रा विचार तो कर, आयु के तीन भाग बीत चुके हैं और गौने का समय निकट आ गया है। तेरा पाने वाला दरवाज़े पर खड़ा है। अब क्यों उदास है। कबीर कहते हैं कि अय दुल्हिन, अपने मन की आँख में ज्ञान का काजल लगाकर आ जा।

117

साधो, देखो जग बौराना।
साँची कहौ तो मारन धावै झूँठे जग पतियाना।
हिंदू कहत है राम हमारा मुसलमान रहमाना।
आपस में दोउ लड़े मरतु हैं मरम कोई नहिं जाना।
बहुत मिले मोहिं नेमी धर्मी प्रात करैं असनाना।
आतम छोड़ि पषानैं पूजैं तिनका थोथा ज्ञाना।
आसन मारि डिंभ धरि बैठे मन में बहुत गुमाना।
पीपर-पाथर पूजन लागे तीरथ-बर्न भुलाना।
माला पहिरे टोपी पहिरे छाप-तिलक अनुमाना।
साखी सब्दै गावत भूले आतम खबर न जाना।
घर घर मंत्र जो देत फिरत हैं माया के अभिमाना।
गुरुवा सहित सिष्य सब बूड़े अंतकाल पछिताना।
बहुतक देखे पीर औलिया पढ़ैं किताब कुराना।
करैं मुरीद कबर बतलावैं उनहूँ खुदा न जाना।
हिन्दु की दया मेहर तुरकन की दोनों घर से भागी।
वह करै जिबह वाँ झटका मारै आग दोऊ घर लागी।
या बिधि हँसत चलत हैं हमको आप कहावैं स्याना।
कहैं कबीर सुनो भाई साधो, इनमें कौन दिवाना॥

देखो साधु, सारी दुनिया पागल हो गई है। सच्ची बात कहो तो मारने को दौड़ते हैं लेकिन झूठ पर सबका विश्वास है। हिंदू राम का नाम लेता है और मुसलमान रहमान का और दोनों आपस में इस बात पर लड़ते-मरते हैं लेकिन सच्चाई से कोई भी परिचित नहीं। मुझे धर्म और उसके नियमों के मानने वाले बहुत मिले जो हर प्रातःकाल स्नान करते हैं और आत्मा को छोड़कर पत्थर की पूजा करते हैं। उनका ज्ञान झूठा है। दंभ धारण करके आसन लगाकर बैठते हैं और उनका मन अहंकार में डूब जाता है, जिसके कारण वह पत्थर

और पीपल को पूजते हैं (देखिए टिप्पणियाँ)। माला और टोपी पहनकर तिलक और छापा लगाते हैं। उपदेश देते-देते वह आत्मा से बेख़बर हो गए हैं। जो गुरु माया के घमंड में घर-घर मंत्र सुनाते फिरते हैं, वे गुरु और उनके चेले सब डूब चुके हैं। उनके पास पछतावे के सिवा कुछ नहीं है। मैंने पीर और औलिया बहुत देखे हैं जो किताब और क़ुरान पढ़ते रहते हैं। वह क़ब्र दिखाकर लोगों को मुरीद बनाते हैं। ज़ाहिर है कि उन्होंने ख़ुदा को नहीं पहचाना है। हिंदू की दया और मुसलमानों की मुहब्बत, दोनों उनके घरों से निकल गई हैं। एक जानवर को ज़िबह करता है और दूसरा झटका करता है लेकिन आग दोनों के घर में लगी है। इस तरह वह हम पर तो हँसते हैं और ख़ुद सियाने कहलाते हैं। कबीर कहते हैं, अय साधु, तुम ही बताओ हम दोनों में कौन दिवाना है।

118

मीयाँ तुम्हसौ बोल्याँ बणि नहीं आवै।
हम मसकीन खुदाई बन्दे तुम्हरा जस मनि भावै॥
अलह अवलि दीन का साहिब, जोर नहीं फुरमाया।
मुरिसद पीर तुम्हारै है को, कहौ कहाँ थैं आया॥
रोजा करैं निवाज गुजारैं कलमैं भिसत न होई।
सत्तरि काबे इक दिल भीतरि जे करि जानै कोई॥
खसम पिछाँनि तरस करि जिय मैं, माल मतीं करि फीकी।
आया जाँनि साँई कूँ जाँनैं, तब ह्वै भिस्त सरीकी॥
माटी एक भेष धरि नाँनाँ सबमें ब्रह्म समानाँ।
कहै कवीर भिस्त छिटकाई दोजग ही मनमाँनाँ॥

मियाँ, तुमसे कहने के लिए कोई बात नहीं बनती। हम तो सीधे-सादे भगवान के भक्त हैं, तुम्हारे जो जी में आए वह समझो। अल्लाह धर्म का पहला सिद्धांत है और उसने ज़बरदस्ती का आदेश नहीं दिया। तुम्हारे पीर और मुर्शद कौन हैं और कहाँ से आए हैं। रोज़े रखने, नमाज़ गुज़ारने और कलमा पढ़ने से जन्नत नहीं मिलती। काश! कोई यह बात जाने कि एक दिल में सत्तर काबे हैं। अपने प्रीतम को पहचानो और दिल में दया उत्पन्न करो और माया को तुच्छ जानो। जन्नत तो तब मिलती है जब साँई (प्रीतम) को अपने पास अनुभव करें। एक मिट्टी है और उसके तरह-तरह के रूप हैं और सबमें ब्रह्म वर्तमान है। कबीर कहते हैं कि जन्नत और दोज़ख़ (स्वर्ग और नर्क) की धारणा मनमानी है।

119

अबिनासी दुलहा कब मिलिहौ, भक्तन के रछपाल।
जल उपजी जल ही सों नेहा, रटत पियास पियास।
मैं ठाढ़ी बिरहन मग जोऊँ, प्रियतम तुमरी आस।
छोड़े गेह नेह लगि तुम सों, भई चरन लवलीन।
ताला बेलि होति घर भीतर, जैसे जल बिन मीन।
दिवस न भूख रैन नहिं निद्रा, घर अँगना न सुहाय।
सेजरिया बैरिन भइ हमको, जागत रैन बिहाय।
हम तो तुमरी दासी सजना, तुम हमरे भरतार।
दीनदयाल दया करि आओ, समरथ सिरजनहार।
कै हम प्रान तजति हैं प्यारे, कै अपनी कर लेव।
दास कबीर बिरहा अति बाढ़ेव, हमको दरसन देव॥

मेरे अमर दूल्हा, कब मिलोगे? तुम तो भक्तों के रखवाले हो। पानी में पैदा हुई और पानी ही से प्रेम है, फिर भी मैं प्यास-प्यास चिल्लाती हूँ। मैं विरह की मारी खड़ी हुई तुम्हारी राह देख रही हूँ। मेरे प्रीतम, बस तुम्हारी ही आस है। तुम्हारे प्रेम में घर छूट गया और मैं तुम्हारे चरणों में आ गई। घर के अंदर मैं उसी तरह तड़पती हूँ जैसे मछली बिना पानी के। दिन को भूख नहीं लगती, रात को नींद नहीं आती और घर का आँगन सुहाना नहीं लगता। अब तो मेरी सेज मेरी दुश्मन हो गई है। सारी रात आँखों में कट जाती है (जाग-जागकर रात को सुबह कर देती हूँ)। साजन मैं तो तुम्हारी दासी हूँ। तुम मेरे मालिक हो। अय दीनदयालु, अब दया करो और आ जाओ। तुम सर्वशक्तिमान और सृजनहार हो। या तो मुझे अपना बना लो, नहीं तो मैं जान दे दूँगी। दास कबीर के लिए विरह हद से गुज़र गया है, अब तो दर्शन दे दो।

120

तन-मन-धन बाजी लागी हो।
चौपड़ खेलूँ पीव से रे, तन मन बाजी लगाया।
हारी तो पिय की भई रे, जीती तो पिय मोर हो।
चौसरिया के खेल में रे, जुग्ग मिलन की आस।
नर्द अकेली रह गई रे, नहिं जीवन की आस हो।
चार बरन घर एक है रे, भाँति-भाँति के लोग।

मनसा-बाचा-कर्मना कोइ, प्रीति निबाहो ओर हो।
लख चौरासी भरमत भरमत, पौ पै अटकी आय।
जो अबके पौ ना पड़ी रे, फिर चौरासी जाय हो।
कहैं कबीर धर्मदास से रे, जीती बाजी मत हार।
अबके सुरत चढ़ाय दे रे, सोइ सुहागिन नार हो।

तन-मन-धन की बाज़ी लगी हुई है। मैं अपने प्रीतम के साथ चौपड़ खेल रही हूँ, और तन-मन की बाज़ी लगा दी है। अगर हारी तो प्रीतम की हो जाऊँगी और जीती तो प्रीतम मेरे हो जाएँगे। चौसर के इस खेल में जुग मिलन की आस है। गोट अकेली रह जाए तो उसके बचने की आशा नहीं रहती। रंग चार हैं लेकिन अंतिम घर एक है। भाँति-भाँति के लोग हैं तो क्या मन, वचन और कर्म तीनों से अपना प्रेम निबाहो। सब चौरासी लाख जनम के चक्कर में भटक रहे हैं। और बात पौ पर अटकी हुई है। अगर अबकी बार पौ न पड़ी तो फिर चौरासी लाख जन्म लेने पड़ेंगे। कबीर धर्मदास से कहते हैं कि जीती बाज़ी मत हारना। जो अबकी बार प्रेम को दाँव पर लगा दे वही औरत सुहागिन है।

121

कैसे दिन कटिहैं जतन बताये जइयो,
एहि पार गंगा ओहि पार जमुना,
बिचवाँ मड़इया हमकाँ छवाये जइयो।
अँचरा फारिके कागज बनाइन,
अपनी सुरतिया हियरे लिखाये जइयो।
कहत कबीर सुनो भाई साधो
बहियाँ पकरिके रहिया बताये जइयो॥

यह बताते जाओ कि विरह के दिन कैसे कटेंगे। इस पार गंगा है और उस पार जमुना। बीच में हमारी झोंपड़ी बनवाते जाओ। आँचल फाड़कर काग़ज़ बनाया है। दिल पर अपनी सूरत का नक़्श छोड़ते जाओ (अपना प्यार दिल पर लिखते जाओ)। कबीर कहते हैं कि बाँह पकड़कर रास्ता बताते जाओ।

122

गगन की ओट निसाना है।
दहिने सूर चंद्रमा बायें, तिनके बीच छिपाना है।
तन की कमान सुरत का रोदा, सब्द-बान ले ताना है।
मारत बान बेधा तन ही तन, सतगुरु का परवाना है।
मार्‍यौ बान घाव नहिं तन में, जिन लागा तिन जाना है।
कहैं कबीर सुनो भाई साधो, जिन जाना तिन माना है॥

निशाना आकाश की ओर है। दाहिनी ओर सूरज है और बाईं ओर चाँद और निशाना बीच में छुपा हुआ है। तन का धनुष और प्रेम की डोरी और शब्द का तीर तान लिया है और इस तीर ने तन को छेद डाला है, लेकिन घाव दिखाई नहीं देता। जिन्होंने घाव खाया है वही जानते हैं। भाई साधु सुनो, कबीर कहते हैं कि जो जान गए हैं वे इस बात को मानते हैं।

123

सोच-समुझ अभिमानी, चादर भई है पुरानी।
टुकड़े-टुकड़े जोड़ि जगत-सों, सीके अँग लिपटानी।
कर डारी मैली पापन सों, लोभ-मोह में सानी।
ना यहि लग्यो ज्ञान कै साबुन, ना धोई भल पानी।
सारी उमिर ओढ़ते बीती, भली बुरी नहिं जानी।
संका मान जान जिय अपने, यह है चीज बिरानी।
कहत कबीर धरि राखु जतन से, फेर हाथ नहिं आनी॥

अय अभिमानी, ज़रा सोच कि तेरी चादर पुरानी हो चुकी है। बड़े जतन से टुकड़े जमा करके सी लिये हैं और फिर अपने शरीर से लपेट लिया है। तूने इस चादर को पापों से मैला कर दिया है और लालच से गंदा। न इसमें तूने ज्ञान का साबुन लगाया और न उसे पानी से अच्छी तरह धोया। सारी उम्र इसे ओढ़ते बीत गई और तूने भले-बुरे को नहीं पहचाना। अरे मन में शंका रखने वाले, यह समझ ले कि यह दूसरों की चीज़ है। कबीर कहते हैं कि इसे जतन से रखना। यह फिर हाथ नहीं आएगी। (चादर का शब्द ज़िंदगी के लिए प्रयुक्त है।)

124

अनप्रापत वस्तु को कहा तजे, प्रापत को तजे सो त्यागी है।
सु असील तुरंग कहा फेरे, अफतर फेरे सो बागी है।
जगभव का गावना क्या गावै, अनुभव गावै सो रागी है।
बन गेह की बासना नास करै, कब्बीर सोई बैरागी है॥

जो वस्तु प्राप्त नहीं हुई उसे क्या त्यागना। जो प्राप्त हो चुका है उसे त्यागने वाला ही त्यागी है। असील घोड़े को क्या फेरना। जो अड़ियल घोड़े को फेरे वही बाग़ी है। दुनिया के अनुभव के गीत क्या गाता है। असली रागी वह है जो अपने अनुभव के गीत गाता है। कबीर कहते हैं कि बैरागी वह है जो घर और जंगल दोनों की इच्छा को त्याग दे।

125

तोको पीव मिलैंगे घूँघट के पट खोल रे।
घट घट में वही साँई रमता, कटुक बचन मत बोल रे।
धन जोबन को गरब न कीजै, झूठा पँचरँग चोल रे।
सुन्न महल में दियना बार ले, आसा सों मत डोल रे।
जोग जुगत से रंगमहल में, पिय पाई अनमोल रे।
कहैं कबीर आनंद भयो है, बाजत अनहद ढोल रे॥

तुमको प्रीतम मिलेंगे, अपने घूँघट के पट खोल दे। हर शरीर में वही एक मालिक आबाद है। किसी के लिए कड़वा बोल क्यों बोलता है। धन और यौवन पर अभिमान मत कर क्योंकि यह पाँच रंग का चोला झूठा है। शून्य के महल में चिराग़ जला और उम्मीद का दामन हाथ से मत छोड़। अपने योग के जतन से तुझे रंगमहल में अनमोल प्रीतम मिलेगा। कबीर कहते हैं कि अनहद का साज़ बज रहा है और चारों ओर आनंद ही आनंद है।

126

दुई जगदीस कहाँ ते आया, कहु कवने भरमाया।
अल्लह राम करीमा केसो, हजरत नाम धराया॥
गहना एक कनक तें गढ़ना, इनि महँ भाव न दूजा।
कहन सुनन को दुर करि पापिन, इक निमाज इक पूजा॥

वही महादेव वही महंमद, ब्रह्मा-आदम कहिये।
को हिन्दू को तुरुक कहावै, एक जिमीं पर रहिये॥
बेद कितेब पढ़े वे कुतुबा, वे मोंलना वे पाँडे।
बेगरि बेगरि नाम धराये, एक मटिया के भाँडे॥
कहँहि कबीर वे दूनौं भूले, रामहिं किनहुँ न पाया।
वे खस्सी वे गाय कटावैं, बादहिं जन्म गँवाया॥

दो जगदीश कहाँ से आए। तुझे इस भ्रम में किसने डाल दिया। अल्लाह, राम, रहीम अलग-अलग कैसे हो सकते हैं। एक ही सोने से सब ज़ेवर बनाए गए हैं, उनमें दो भाव कैसे हो सकते हैं। एक नमाज़, एक पूजा यह सब कहने-सुनने की बातें हैं। इनको अपने वजूद से दूर कर दे। वही महादेव है और वही महम्मद। जो ब्रह्मा है उसी को आदम कहना चाहिए। कोई हिंदू कहलाता है और कोई मुसलमान, लेकिन रहते सब एक ही ज़मीन पर हैं। एक वेद पढ़ता है और दूसरा खुतबा। एक मौलाना कहलाता है और एक पंडित। नाम अलग-अलग रख लिये हैं, वैसे बरतन सब एक ही मिट्टी के हैं। कबीर कहते हैं कि वे दोनों भटक गए हैं। राम (ख़ुदा) को किसी ने नहीं पाया। एक बकरा काटता है और दूसरा गाय ज़िबह करता है और दोनों इसी झगड़े में अपना जीवन व्यर्थ गँवाते हैं।

127

मन, तुम नाहक दुंद मचाये।
करि असनान छुवो नहिं काहू, पाती फूल चढ़ाये।
मूरति से दुनिया फल माँगै, अपने हाथ बनाये।
यह जग पूजै देव - देहरा, तीरथ - वर्त - अन्हाये।
चलत-फिरत में पाँव थकित भे, यह दुख कहाँ समाये।
झूठी काया झूठी माया, झूठे झूठे झूठल खाये।
बाँझिन गाय दूध नहिं देहै, माखन कहँ से पाये।
साँचे के सँग साँच बसत है, झूठे मारि हटाये।
कहैं कबीर जहँ साँच बसतु है, सहजै दरसन पाये॥

मन, तू व्यर्थ ही द्वंद्व मचा रहा है। फूल-पत्ती चढ़ाकर भी कोई आकाश को हाथों से नहीं छू सकता। दुनिया अपने हाथ की बनाई हुई मूर्ति से फल माँगती है, और देवी-देवताओं की चौखट पूजती है। तीर्थयात्रा पर जाती है, व्रत रखती है और स्नान करती है। इसी चक्कर में चलते-चलते पाँव थक जाते हैं। आख़िर

यह दुख कहाँ समाएगा। काया भी झूठी है, माया भी झूठी है। तू व्यर्थ ही झूठन खाता फिरता है। बाँझ गाय जब दूध ही नहीं देगी तो तुझे मक्खन कहाँ से मिलेगा? सच्चे के साथ सच्चा ही बसता है। झूठे को मारकर भगा दो। कबीर कहते हैं कि जहाँ सत्य का वास है वहाँ दीदार और जलवा बड़ा बेतकल्लुफ़ होता है।

128

यह जग अंधा मैं केहि समुझावों।
इक-दुई हों उन्हें समुझावों सब ही भुलाना पेट के धंधा।
पानी के घोड़ा पवन असवरवा ढरकि परै जस ओस के बुंदा॥
गहरी नदिया अगम बहै धरवा खेवनहारा पड़िगा फंदा।
घर की वस्तु निकट नहिं आवत दियना बारिके ढूँढ़त अंधा॥
लागी आग सकल बन जरिगा बिन गुरुग्यान भटकिया बंदा।
कहैं कबीर सुनो भई साधो, इक दिन जाय लँगोटी झार बंदा॥

यह सारी दुनिया अंधी है। मैं किसको समझाऊँ। एक-दो हों तो मैं उन्हें समझाने की कोशिश भी करूँ। यहाँ तो सब ही पेट के धंधे में भटकते फिर रहे हैं। पानी के घोड़े पर हवा का सवार ऐसे टपक जाता है जैसे ओस की बूँद। सत्य की अथाह नदी बह रही है और उसकी धारा के बीच में खेवनहार फँस गया है। अंधा घर की वस्तु के निकट नहीं जाता मगर चिराग़ जलाकर इधर-उधर ढूँढ़ता फिरता है। आग लगी और सबकुछ जल गया। गुरु के ज्ञान के बिना भटक रहा है। सुनो भाई साधु, कबीर कहते हैं कि यह बंदा एक दिन लँगोटी झाड़कर रवाना हो जाएगा।

टिप्पणियाँ

1. इस्लाम में ख़ुदा को रगे-जाँ (प्राण-धमनी) से भी ज़्यादा क़रीब माना गया है। तसव्वुफ़ की परंपरा में और उर्दू और फ़ारसी शायरी में इसकी बेशुमार मिसालें मिलेंगी।

दिल के आईने में है तस्वीरे-यार
इक ज़रा गर्दन झुकायी देख ली

—अज्ञात

जिन्हें मैं ढूँढ़ता था आसमानों में ज़मीनों में
वो निकले मेरे ज़ुल्मतख़ानए-दिल के मकीनों में।

—इक़बाल

[ज़ुल्मतख़ानए-दिल=दिल का अँधेरा घर; मकीन = रहनेवाला]

न तू अंदर हरम गंजी, न दर बुतख़ाना मी आई
व लेकिन सूए-मुश्ताक़ाँ चे मुश्ताक़ाना मी आई
क़दम बीबाकतर नेह दर-हरीमे-जाने मुश्ताक़ाँ
तू साहिब ख़ानई आख़िर चिरा दुज़्दाना मी आई

—इक़बाल

[भावार्थ : तू काबे में समाता है और न बुतख़ाने में, लेकिन अपने चाहनेवालों के पास कितना ख़ुश होकर आता है। ज़रा चाहने वालों के दिल (हरीमे हरीमे जाँ ख़िल्वतख़ाना-ए-रूह) में निडर होकर क़दम रख। आख़िर तू इस घर का मालिक है, फिर चोरों की तरह आने की क्या ज़रूरत है?]

बंगाल के बाउल भक्तों के यहाँ भी यह धारणा प्रचलित है :

"ए दिल, मैं मक्के और मदीने क्यों जाऊँ
"मेरा महबूब (मनेर मानुष) तो मेरे पहलू में है

"उससे अनजान होकर, उससे दूर रहकर मैं दीवाना
हो जाता हूँ,
"मंदिर और मस्जिद में पूजा कहाँ
"हर क़दम पर मक्का है हर क़दम पर काशी
"मेरे जीवन का एक-एक पल धन्य है।"

[ए.के.सेन की अंग्रेज़ी पुस्तक 'हिंदूइज़्म' से अनूदित]

इस कल्पना का आरंभ उपनिषद् और वेदांत से होता है और यह कविता और दर्शन की धर्मनिरपेक्ष कल्पना की ओर मनुष्य का पहला क़दम है जिसमें धर्मग्रंथों और उपासनागृहों को छोड़कर मनुष्य की आत्मा के अंदर झाँकने की और उसके व्यक्तित्व में दिलचस्पी लेने की कोशिश की है।

2. संत रैदास—असली नाम रविदास है। कबीर के गुरु स्वामी रामानंद के बारह चेलों में रैदास भी एक हैं जो जाति के चमार थे। वह भी शायद काशी के रहने वाले थे। इनकी कोई पूरी किताब या संग्रह नहीं मिलता, लेकिन कुछ कविताएँ (लगभग 40 पद) सिखों के धर्मग्रंथ 'गुरु ग्रंथ साहब' में शामिल हैं।

यह अजीब और दिलचस्प बात है कि मध्ययुग का वह मानव-प्रेमी आंदोलन जिसने पहली बार पूरी मानवता को एक बिरादरी समझा और धर्म को प्रेम बना दिया और जो यूरोप में 'मिस्टीसिज़्म' (mysticism), ईरान और इस्लामी दुनिया में तसव्वुफ़ और हिंदुस्तान के हिंदुओं में भक्ति और चीन में ची-एन और जापान में ज़ेन (ध्यान का अपभ्रंश) के नाम से मशहूर हुआ और स्वीकार किया गया, एक ऐसा आंदोलन था जिसके प्रकट रूप पर इन प्रदेशों के धर्मों का रंग चढ़ा हुआ था लेकिन जो आंतरिक रूप से अर्थात् अपने सार और उद्देश्य की दृष्टि से एक था। यह आंदोलन शुरू से आख़िर तक इस युग के शिल्पकारों के हाथों में रहा। ईसाई संत पाल ख़ेमादोज़ (तंबू सीने वाला) थे, मंसूर हल्लाज बढ़ई और ख़ुद कबीर जुलाहे थे।

एक ईसाई पादरी ने हज़रत ईसा को भी शिल्पकारों की श्रेणी में शामिल कर दिया है। "वे हाथ जो दैवी कृपा बनकर लोगों की रक्षा करते थे, जो अंधों की आँखों को रोशनी देते थे और कोढ़ियों को अच्छा कर देते थे, जिनकी हथेलियाँ सलीब पर ज़ख़्मी हो गई थीं, वे हाथ मेहनत से चूर और पसीने से तर-बतर हो चुके थे। वे कीलें ठोंकना जानते थे। वे एक साधारण श्रमिक के हाथ थे। हज़रत ईसा ने आत्मा को सुधारने और निखारने से पहले पदार्थ (matter) को अपने हाथों से सँवारा था।"

(Giovanni Papini, 'Life of Christ')

डॉ. राधाकुमुद मुखर्जी ने अपनी अंग्रेज़ी किताब 'हिंदू सिविलिज़ेशन'

(भारतीय विद्या भवन, बंबई, खंड 1, पृष्ठ 105) में भारत की अलग-अलग जातियों और वर्णों के कर्त्तव्य बताए हैं। "ब्राह्मण—शिक्षा देना, यज्ञ और पूजा-पाठ कराना, दान लेना; क्षत्रिय—रक्षा और शासन करना; वैश्य—व्यापार और खेती करना, पशु पालना, महाजनी करना; शूद्र—सच्चाई, सफ़ाई, विनम्रता, आचमन-मंत्र के बग़ैर स्नान, लाशें उठाना और जलाना, अपनी ही जाति में विवाह करना, ऊँची जातिवालों की सेवा करना और शिल्पवृत्ति अर्थात् दस्तकारी करना, नाई, धोबी, चित्रकार, बढ़ई, लोहार आदि का काम करना।"

ऐसी सूरत में ज़ाहिर है कि समाज की प्रगति, सामंती व्यवस्था के पतन और व्यापार और प्रारंभिक पूँजीवाद के उत्थान के साथ-साथ वैश्य और शूद्र का पद ऊँचा हो गया क्योंकि व्यापार, खेती, पशुपालन और महाजनी वैश्य के हाथ में थी और सारे शिल्प शूद्र के हाथ में। भक्ति आंदोलन के साथ-साथ कविता और दर्शन भी, जिन पर ब्राह्मणों का एकाधिकार था, शिल्पकारों तक पहुँच गए। उसका आख़िरी और बड़ा कवि और चिंतक कबीर है।

सुपच ऋषि—कबीरपंथी ग्रंथों में यह बताया गया है कि कलियुग के आरंभ में जब कबीर साहब ने जन्म लिया तो काशी के सुदर्शन नामक महात्मा ने कबीर से दीक्षा ली। वह जाति के भंगी थे। आचार्य हज़ारी प्रसाद द्विवेदी ने अपनी पुस्तक **कबीर** में लिखा है कि महाभारत की लड़ाई जीत लेने के बाद युधिष्ठिर ने अपने भाइयों और सगे-संबंधियों का वध करने के पाप का प्रायश्चित्त करने के लिए एक बहुत बड़ा यज्ञ किया। भगवान श्रीकृष्ण ने इस यज्ञ में एक घंटा बाँध दिया और कहा कि जब घंटा सात बार बजे तो समझना चाहिए कि पाप से मुक्ति मिल गई। हज़ारों साधु और ब्राह्मण भोजन कर चुके मगर घंटा नहीं बजा। तब कृष्णजी के आदेश पर भीम काशी के सुदर्शन भंगी को बुलाने गए। भीम के अहंकार के कारण सुदर्शन ने आने से इनकार कर दिया। तब युधिष्ठिर ख़ुद उन्हें बुला लाए और भोजन कराया। उनके भोजन करने पर घंटा बजा। फिर सब लोग कृष्णजी के कहने पर प्रयाग गए। वहाँ संगम के पानी में सबने अपनी परछाईं देखी। सिर्फ़ सुदर्शन भंगी की परछाईं मनुष्य की थी, बाकी सबकी परछाइयाँ कुत्ते और दूसरे जानवरों से मिलती थीं।

संतों की कोई जाति नहीं होती इस विचार को सूफ़ी चिंतन में इस प्रकार व्यक्त किया गया है—

बंदए-इश्क़ शुदी तर्के-नसब कुन 'जामी'
कि दरिन राह फुलाँ-इब्ने फुलाँ चीज़े-नीस्त

—**जामी**

[भावार्थ : ऐ जामी, अब इश्क़ की ग़ुलामी की है तो बाप-दादा का नाम भूल

जाओ, क्योंकि इस रास्ते में यह बात कि अमुक आदमी अमुक का बेटा है कोई अर्थ नहीं रखती।]

बाज़ मी गोयमो अज़ गुफ़्तए-ख़ुद दिलशादम
बंदए इश्क़-ओ-अज़ हर दो जहाँ आज़ादम

—हाफ़िज़ शीराज़ी

[भावार्थ : मैं यह बात फिर दोहरा रहा हूँ और इस बात से ख़ुश हूँ कि मैं इश्क़ का ग़ुलाम हूँ और दोनों जहान की पाबंदियों से आज़ाद हूँ।]

3. कर्म की फाँस—सभी धर्मों में यह धारणा प्रचलित है कि नैतिक नियम ईश्वर या देवताओं के बनाए हुए हैं और इनका पालन करना मनुष्य का कर्त्तव्य है। नैतिकता की इस कल्पना में पहला बुनियादी परिवर्तन गौतम बुद्ध (500 ई.पू.) ने किया, जिनकी शिक्षा में नैतिक नियम स्वयं मनुष्य बनाता है और उनको अपने ऊपर लागू करता है। किसी के प्राण न लेना, वासनाओं से बचना, झूठ और नशे से दूर रहना, ये सब अपनी इच्छा से स्वीकार किए जाने वाले कर्त्तव्य हैं जिनका कोई पुण्य फल नहीं मिलता बल्कि ये चेतना को निखारते हैं या वे परदे उठ जाते हैं जो चेतना पर पड़े हुए हैं। इन कर्त्तव्यों का पालन करना अच्छा कर्म है और इसके विपरीत आचरण बुरा कर्म है और इन दोनों से क्रिया-प्रतिक्रिया का क्रम आरंभ होता है जिसका कोई अंत नहीं है। लेकिन हर कर्म चाहे वह अच्छा हो या बुरा हो, एक तरह का उलझावा है, मनुष्य की गरदन में पड़ी हुई रस्सी है जो उसे क्रिया-प्रतिक्रिया के इस अनंत क्रम में खींचे लिये जा रही है। इसको कबीर ने 'कर्म की फाँस' (फाँसी) कहा है। इसलिए बौद्धमत में ज्ञान के उच्चतर स्तरों पर अपने-आप को अच्छे और बुरे दोनों तरह के कर्म के फंदों से मुक्त कर लेना शामिल है। यहाँ से निर्वाण की मंज़िलें शुरू होती हैं। मुक्ति आंदोलन पर और संत कवियों के यहाँ बौद्ध धर्म के इस नैतिक विचार की झलक अकसर मिल जाती है। इस विचार को कबीर ने पद 6 में इस तरह व्यक्त किया है कि कर्म केवल ज्ञान प्राप्त करने के लिए है। ज्ञान प्राप्त हो जाने के बाद कर्म उसी तरह बेकार और अनावश्यक हो जाता है जिस प्रकार फल आ जाने के बाद फूल की ज़रूरत नहीं रहती।

इस पद का एक पहलू और भी है जो किसी हद तक सीमित है। इसमें शेख सादी और इक़बाल का कबीर से मतैक्य है :

तू कारे-ज़मीं रा निको साख़्ती
कि बा-आस्माँ नीज़ परदाख़्ती

—सादी

[भावार्थ : क्या तूने ज़मीन का काम सँवार लिया है जो आसमान की तरफ़ उड़ान भर रहा है ?]

अगर न सहल हों तुझ पर ज़मीं के हंगामे
बुरी है मस्तिए - अंदेशहाए - अफ़लाकी

—इक़बाल

[मस्तिए-अंदेशहाए-अफ़लाकी=आसमान की चिंता में लीन]

4. सहस कँवल (सहस्त्र कमल) हज़ार पँखड़ियों वाला कमल। हाइनरिश ज़िमर ने इसकी व्याख्या इस प्रकार की है कि सृष्टि, विनाश और नवसृष्टि का अनादि-अनंत क्रम चल रहा है। वह महापुरुष, वह स्वयंभू, वह परम आत्मा जिसे विष्णु कहते हैं और जो ब्रह्मांड (Cosmos) के आद्य-सिद्धांत, आद्य-जल विस्तार के अंधकारमय धरातल पर तैर रहा है, जब अपनी कृपा से अपने आप को प्रसन्न करने के लिए सृष्टि (Universe) को फिर से रचना चाहता है तो नाभि से एक अकेला कमल बाहर निकलता है जिसमें शुद्ध सोने की एक हज़ार पँखड़ियाँ सूरज जैसी चमक से जगमगाती हैं और सृष्टिकर्ता कमल के साथ-साथ ब्रह्मा को भी जन्म देता है, जो कमल के बीचोबीच बैठा हुआ सृजन की शक्तियों की ज्योति से जगमगा रहा है।

यह ब्रह्मा एक ऐसा योगी है जिसे अपने ऊपर और सृष्टि और ब्रह्मांड की शक्तियों पर पूरा क़ाबू है। जब कोई मनुष्य अपनी तपस्या में उच्च आध्यात्मिक पद प्राप्त कर लेता है तो विष्णु उसे मान्यता देते हैं और वह मनुष्य भी प्रतिष्ठित योगी हो जाता है और सृष्टि और ब्रह्मांड के उस सुनहरे सिंहासन, सुनहरे कमल पर बैठकर अपार रूप का दर्शन कर सकता है।

(कबीर के दोहे का अर्थ यहीं तक सीमित है। लेकिन यह बात भी दिलचस्पी से ख़ाली नहीं है कि ब्रह्मा के कमल को पृथ्वी का प्रारंभिक रूप भी माना जाता है बल्कि वह ख़ुद इस पृथ्वी की देवी धरतीमाता है। हिंदू प्रतिमा-विद्या (Iconography) और पौराणिक प्रतीकों (Mythological Symbols) के अनुसार इस कमल की पँखड़ियों के ऊपरी धरातल पर वे लोक हैं जहाँ तक पहुँचना संभव नहीं है। पँखड़ियों के नीचे वाले धरातल पर साँपों और यक्षों की बस्तियाँ हैं और इस फूल के मध्य (मर्म) में वह महाद्वीप है जिसका एक भाग भारतवर्ष है।

(एक और प्रतीक—ब्रह्मांड के अनंत शून्य (Cosmic Abyss) में भरे हुए अंधकारमय जल पर पृथ्वी इस तरह तैरती है जैसे अचेतन के अंधकारमय समुद्र में चेतन का जगमगाता हुआ कमल तैर रहा हो। यह कमल सृष्टि का द्वार, सृष्टि की कोख है, सृष्टि-विधान की प्रथम उत्पत्ति है। उसके मर्म से ब्रह्मा उत्पन्न होता है। कभी पानी औरत है और कमल प्रजनक अंग और कभी

ख़ुद कमल धरतीमाता और आर्द्रता की देवी है।

(वेदों की प्रारंभिक परंपराओं में कमल की देवी का उल्लेख नहीं है। आर्यों ने बाद में उसे प्राचीन भारतवर्ष के अनार्य निवासियों की लोक-सभ्यता और लोक-परंपराओं से ग्रहण किया और उसे श्री और लक्ष्मी के नाम दिए। लक्ष्मी जो धन की देवी है, उसका प्रतीक कमल है, इसीलिए उसको कमल की बेटी 'पद्मसंभवा' कहा गया है। प्रागैतिहासिक काल के प्राचीन अनार्य भारत में वह चावल और धान की देवी है। अब वह भारतीय देवमाला की सबसे प्रिय, सबसे अधिक ग्राह्य और स्वीकार्य देवी है जो चित्रों में कमल के फूल पर खड़ी हुई दिखाई देती है। कभी-कभी उसकी भुजा में कमल का फूल और उसका डंठल आभूषण की तरह लिपटा होता है। बौद्ध कला में कमल पर बैठे हुए भगवान बुद्ध या अपने हाथ में कमल का फूल लिये बोधिसत्व-पद्मपाणि प्रागैतिहासिक काल के प्राचीनतम भारत की परंपराओं से अपना आध्यात्मिक संबंध जोड़ रहे हैं।)

कबीर के इस पद में जो विचार है वह फ़ारसी और उर्दू के कवियों के यहाँ भी प्रचलित है और सूफ़ी परंपराओं से आया है जिन पर भक्ति और वेदांत का अच्छा-ख़ासा असर है—

ऐ तमाशागाहे - आलम रूए-तुस्त
तू कुजा बहरे तमाशा मी रवी

—सादी

[भावार्थ : सारी दुनिया तेरे चेहरे का तमाशा देखती है। तू ख़ुद कहाँ तमाशा देखने जा रहा है ?]

सितमस्त अगर हवसत कशद कि ब-सैरे सर्व-ओ-समन दरा
तु ज़े ग़ुंचा कम न दमीदई, दरे दिलकुशा ब-चमन दरा

—बेदिल

[भावार्थ : कैसे सितम की बात है कि वासना तुझे बाग़ों की सैर के लिए खींचे लिए जा रही है। तू तो ख़ुद एक खिलता हुआ फूल है। दिल के दरवाज़े को खोलकर अपने बाग़ में दाख़िल हो जा।]

संसार के सभी धर्मों में इस विचार के आधारभूत साम्य की ओर डॉ. राधाकृष्णन् ने इन शब्दों में संकेत किया है :

"जब हिंदू अंतरात्मा की बात करते हैं और बौद्ध धर्म वाले स्वयं बुद्ध की ऊँचाई तक पहुँचने की संभावना को स्वीकार करते हैं और यहूदी यह मानते

हैं कि मनुष्य की आत्मा ईश्वर का दीपक है, और जब ईसाई यह घोषणा करते हैं कि ईश्वर का राज्य तुम्हारे अस्तित्व के अंदर ही है, क्या तुम्हें यह नहीं मालूम कि ईश्वर का उपासनागृह और ईश्वरीय आत्मा तुम्हारे सीने में है, और जब इस्लाम के पैगंबर यह फ़रमाते हैं कि ख़ुदा हमारी रगे-जाँ से भी ज़्यादा क़रीब है, तो यह सब अलग-अलग तरीक़ों से एक ही बात कहते हैं और वह यही कि ईश्वर कोई बाहरी अत्याचारी शक्ति नहीं है, ख़ुदा कोई सुल्तान नहीं है, बल्कि वह आत्मिक और आंतरिक सिद्धांत है जो अहं में निहित है, यही अंतर्ज्योति है। हम सब इसी ईश्वरीय शक्ति की चिंगारियाँ हैं और ईश्वर के साथ-साथ ईश्वर की भाँति सृजन की क्रिया में व्यस्त हैं और हमारा कर्त्तव्य है कि हम परिस्थितियों के विरुद्ध संघर्ष करें ताकि पाप और असमानता को नष्ट करके मानव-जीवन के स्तर को ऊँचा उठा सकें।"

5. ऊधो = अवधूत = शाब्दिक अर्थ में वह जिसके वधू न हो, अर्थात् सांसारिक बंधनों से मुक्त। लेकिन कबीर ने यह शब्द नाथपंथी योगियों के लिए इस्तेमाल किया है, जिनका कबीर की विचारधारा में काफ़ी सम्मान है। सहज अवस्था प्राप्त करने पर साधक अवधूत बन जाता है। "ए मेरे चित्त, वहाँ चलकर विश्राम कर जहाँ सूरज और चाँद की भी गति नहीं है, जहाँ न आदि है, न अंत और मध्य भी नहीं, जन्म भी नहीं मरण भी नहीं, अपना भी नहीं पराया भी नहीं, जो महासुख है, जो सहज अवस्था है।" (देखिए पद 14)

6. घट—व्यापक अर्थ में इस्तेमाल होता है। मिट्टी का बरतन=शरीर=हृदय= मन=आत्मा=चिंतन आदि। कबीर का प्रिय शब्द है। (देखिए पद 8)

7. जामी—ईरान के अंतिम बड़े शायर हैं जो लगभग कबीर के समकालीन कहे जा सकते हैं। उनकी शायरी सूफ़ियाना है। अगर इस पद के साथ उनकी एक ग़ज़ल पढ़ी जाए तो इसका आनंद अधिक हो जाता है :

हुस्ने-ख़ेश अज़ रूए-ख़ूबाँ आशकारा कर दई
बस ब-चश्मे-अशिक़ाँ आँ रा तमाशा कर दई
ज़ाब-ओ-गिल अक्से-जमाले-ख़ेशतन बिन मूदई
शमए-गुल-रुख़्सार-ओ-मह सर्वो-बाला कर दई
जुरए-अज़ जामे-इश्क़े-ख़ुद ब-ख़ाक अफ़्शुंदई
ज़ू फ़ुतूने-अक्ल रा मजनून-ओ-शैदा कर दई
गरचे माशूक़ी लिबासे - आशिक़ी पोशीदई
उगह अज़ ख़ुद जल्वए-बरख़ुद तमन्ना कर दई
बर रुख़ अज़ ज़ुल्फ़ें-सियह मिश्कीं सलासिल बस्तई

आलमे रा बस्तए - ज़ंजीरे - सौदा कर दई
मूकवे हुस्नत न गंजद दर ज़मीन-ओ आसमाँ
दर हरीमे-सीना हेरानम कि चूँ जा करदई
मी कुनी 'जामी' गुम अंदर इश्क़, इस्म-ओ-रस्मे खेश
आफ़रीं बादा बरीं रस्मे कि पैदा कर दई

[**भावार्थ :** तूने अपने रूप को माशूक़ों के चेहरे में व्यक्त किया है, इसलिए आशिक़ों की आँख से उसका तमाशा देखता है। अपनी रूप-छटा का अक्स तूने पानी और मिट्टी में प्रकट किया और उसे गुल और ख़ार (फूल और काँटे), शमा और ऊँचाई पर रहने वाले चाँद सुंदर मुखड़े में बदल दिया। अपने प्रेम के प्याले (जामे-इश्क़) से एक घूँट ज़मीन पर उँडेल दिया और हज़ारों कलाएँ जानने वाली बुद्धि को दीवाना बना दिया। हालाँकि तू माशूक़ अर्थात् रूप ही रूप है लेकिन तूने आशिक़ी का लिबास पहन रखा है और उसके बाद अपनी सुंदरता को ख़ुद ही देखने की तमन्ना कर रहा है। तूने मुश्क (कस्तूरी) की तरह महकती हुई काली ज़ुल्फ़ें अपने चेहरे पर बाँध ली हैं और अब एक दुनिया को दीवानगी की इन ज़ंजीरों में जकड़ लिया है। तेरे हुस्न का लश्कर ज़मीन और आसमान के व्यापक विस्तार में भी नहीं समा सकता, फिर भी मैं हैरान हूँ कि तूने सीने के अंदर कैसे जगह बना ली। ऐ जामी, तूने इस इश्क़ में अपना नाम और अपना काम सबकुछ गुम कर दिया। उस रस्मे-आशिक़ी (प्रीत की रीत) का क्या कहना जो तूने पैदा की है।]

सत्रहवीं और अठारहवीं शताब्दी के उर्दू शायर वली दकनी ने इसी विचार को एक शेर में यों कहा है—

हुस्न था परदए-तजरीद में सब सूँ आज़ाद
तालिबे-इश्क़ हुआ सूरते-इंसान में आ

[परदए-तजरीद = अमूर्तता का परदा]

8. काफ़िर की यह पहचान कि आफ़ाक़ में गुम है
मोमिन की यह पहचान कि गुम उसमें है आफ़ाक़

—इक़बाल

[आफ़ाक़=सृष्टि]

यहाँ काफ़िर और मोमिन हिंदू और मुसलमान के अर्थ में नहीं इस्तेमाल किए गए हैं। मोमिन ज्ञानी (संत) है और काफ़िर अनास्था और शंका (अ-विद्या) का शिकार।

10. सब्दन मार जगाये—शब्दों की मार या संगीत की चोट से जगाता है। अनाहत नाद से निद्रा भंग करता है। भक्ति में एक चीज़ है शब्द-साधना (देखिए पद 57)। सृष्टि के आदिकाल में आत्मा ब्रह्म में लुप्त थी, जो महासुख महा-आनंद है। वह पूर्ण शांति की अवस्था थी (शून्य) परंतु जब आत्मा ब्रह्म से अलग होकर संसार में नीचे उतरने लगी तो इस यात्रा में उसकी शक्ति क्षीण होती गई, जिसके कारण एक ध्वनि पैदा हुई और उस ध्वनि को वेदांत और योग में शब्द (लफ़्ज़ = नाम = कलमा = Logos) कहते हैं। नीचे उतरते हुए आत्मा ने तरह-तरह के रंग-रूप धारण करना शुरू किया और संसार में आकर मानस और माया बन गई। यद्यपि वह क्षीण हो चुकी है पर उसने अभी तक इश्क़ और प्रेम के संदेश को स्वीकार करने की क्षमता पूरी तरह नहीं खोई है। इसलिए वह ब्रह्म की तरफ़ गुरु के मार्गदर्शन में दुबारा अग्रसर हो सकती है। इस तरह वह ऊँचाई की ओर यात्रा आरंभ करती है। उसको अपनी खोई हुई शक्ति दुबारा मिलती जाती है। इस यात्रा में उसे वही ध्वनि जिसे शब्द कहते हैं, फिर सुनाई देती है और इस संगीत पर वह बढ़ती चली जाती है। गति के तेज़ी के साथ-साथ इस संगीत का स्वर भी ऊँचा होता जाता है। यह स्वयं आत्मा का संगीत है जिसे योगी 'अनाहत नाद' कहते हैं और सूफ़ी सौते सरमदी के नाम से याद करते हैं ('मीराबाई', बाँकेबिहारी, भारतीय विद्या भवन बंबई से उद्धृत)। "जो आवाज़ बाहरी कानों से सुनी जाती है वह दो चीज़ों के टकराव से पैदा होती है। परंतु ब्रह्म की ध्वनि अनाहत नाद है अर्थात् वह ध्वनि या शब्द जो दो चीज़ों के टकराव के बिना पैदा हो। यह ओम्-ध्वनि है (हाइनरिश ज़िमर)। मीराबाई ने शब्द को नाद भी कहा है और कबीर के यहाँ भी, जो अनाहत नाद को अनहद कह देते हैं, नाम का शब्द कभी-कभी इस अर्थ में इस्तेमाल होता है। कबीर के 'अनहद' में एक विशेषता यह भी है कि अगर 'हद' का अर्थ 'सीमा' लगाया जाए तो इसका अर्थ 'सीमा-रहित' यानी अनंत हो जाएगा। ("हद हद सब कहैं, अनहद कहे न कोय, अनहद के मैदान में सुख से कबीरा सोय।")

फ़ारसी के महान सूफ़ी शायर मौलाना जलालुद्दीन रूमी (1207-1276 ई.) की मसनवी के शुरू में भी जहाँ बाँसुरी को आत्मा का द्योतक माना गया है, इस कल्पना की झलक मिलती है—

बिश्नौ अज़ नय चूँ हिकायत मी कुनद
अज़ जुदाईहा शिकायत मी कुनद
कज़ नयस्ताँ ता मरा बिबुरीदा अन्द
अज़ नफ़ीरम मर्द-ओ-ज़न नालीदा अन्द
सीना ख़्वाहम शरहः-शरहः अज़ फ़िराक़

ता बिगूयम शरहे - दर्दे - इशतियाक़
हर कसे कू दूर मुन्दः अज़ अस्ले ख़ेश
बाज़ जूयद रोज़गारे-वस्ले खेश

[**भावार्थ :** बाँसुरी से सुनो, वह कैसी (करुण) कहानी सुना रही है और (किस ढंग से) अपनी विरह की शिकायत कर रही है। (वह कह रही है) जब से मुझे बाँस के जंगल से काटकर अलग किया गया है, मेरी आवाज़ सुनकर सभी नर-नारी रोने लगते हैं। मैं चाहती हूँ कि सीना ज़ख़्मी हो जाए ताकि मैं विरह-पीड़ा का हाल जी खोलकर कह सकूँ। ज़ाहिर है कि जो कोई अपने मूल से दूर जाता है वह फिर मिलन के दिनों की खोज करने लगता है। बाँसुरी = आत्मा, बाँस का जंगल = ब्रह्म।]

11. संत और भक्त कवियों ने भक्ति के उत्साह में अपनी कल्पना दुल्हन के रूप में और परमात्मा की दूल्हे के रूप में की है। यह उपमा सूफ़ियों के यहाँ भी इसी रूप में मिलती है। जो औलिया हैं वे अल्लाह की दुल्हनें हैं। दुल्हनों को सिर्फ़ महरम (आत्मीय जन) ही देख सकते हैं। मौलाना जलालुद्दीन रूमी ने अपनी मसनवी में यह उपमा इस्तेमाल की है। हिंदुस्तान में फ़क़ीरों और दरवेशों का एक संप्रदाय 'सदा सुहागिन' के नाम से मशहूर है। कबीर ने एक पद में ईश्वर को 'अबिनासी दूल्हा' कहकर संबोधित किया है।

यह कहना मुश्किल है कि भक्ति और सूफ़ी विचारधारा में ये प्रतीक कहाँ से आए और कब से प्रचलित हैं। कृष्ण केवल विष्णु का अवतार ही नहीं हैं बल्कि परमात्मा हैं, जिनमें जाकर मिल जाने के लिए सभी अलग-अलग जीवात्माएँ बेचैन हैं। और ये बेचैन आत्माएँ प्रेम की भाषा में गोपियाँ हैं जिनकी संख्या करोड़ों बताई जाती है। ज़ाहिर है कि वृदांवन में करोड़ों गोपियाँ नहीं हो सकतीं। इसलिए ये करोड़ों आत्माएँ अपनी मुक्ति और निर्वाण के लिए अपने पति और संतान को छोड़कर (अर्थात् संसार के बंधनों को तोड़कर) बाँसुरी की धुन (अनाहत नाद) पर कृष्ण से जा मिलती हैं। यह प्रेम की भाषा है और इसका आशय आत्मा से संबंध रखता है। उस कृष्ण-लीला का तात्पर्य भी आत्मा से संबंध रखता है जिसमें कृष्ण ने जमुना में नहाती हुई गोपियों के कपड़े चुरा लिये या छुपा लिये हैं। प्रेमी या प्रेमिका के सामने लज्जा और संकोच निरर्थक है। वहाँ तो 'मैं' (अहं-भाव) बाक़ी ही नहीं रहता। इसलिए सूफ़ियों ने कहा है कि अल्लाह की दुल्हनों को सिर्फ़ महरम (मित्र=दोस्त=भेद जानने वाला) देख सकता है और कबीर भी यही कहते हैं—

जो सुख चहे तो लज्जा त्यागै, पियासे हिल-मिल लागै
घूँघट खोल अंग भर भेंटै, नैनन आरती साजै

12. हंस—पवित्रता, चेतना और जीवन के वास्तविक लक्षण का प्रतीक है। कबीर ने आत्मा के अर्थ में भी इस शब्द का प्रयोग किया है। पूरबी भाषाओं में 'वा' और 'आ' की ध्वनि किसी को पुकारने या प्रेम प्रकट करने के लिए भी जोड़ दी जाती है। इसलिए कबीर ने 'हंसा' कहा है।

हिंदू प्रतिमा-विद्या (Iconography) में जंगली हंस ब्रह्मा से संबंधित है। इंद्र का वाहन हाथी है, शिव का वाहन नंदी बैल। उसी तरह ब्रह्मा का वाहन हंस है। हाइनरिश जिमर की व्याख्या के अनुसार प्रत्येक वाहन देवात्मा का प्रकट रूप होता है। यह निष्कलंक आत्म-बल के माध्यम से प्राप्त की हुई स्वतंत्रता का प्रतीक है। इसलिए हिंदू योगी या संत जब आवागमन के बंधन से मुक्त हो जाता है तो हंस का पद प्राप्त कर लेता है। उसे परमहंस कहते हैं।

हर प्राणी के स्वभाव में दो परस्पर-विरोधी लक्षण होते हैं और हंस का जीवन इन दोनों लक्षणों को अभिव्यक्त करता है। वह पानी पर तैरने के बावजूद पानी के लक्षणों में जकड़ा हुआ नहीं है। पानी के धरातल को छोड़कर वह स्वच्छ निर्मल आकाश में उड़ सकता है और आकाश में मौसमों के एतबार से वह उत्तर और दक्षिण जिधर चाहे जा सकता है। वह सारे संसार में घूमने वाला है, ख़ानाबदोश और यायावर, जो पृथ्वी की अंधकारमय नीचाइयों से लेकर आकाश की जोतिर्मय ऊँचाइयों तक हर जगह समान सुगमता के साथ और निश्चिंत होकर भ्रमण कर सकता है। इसलिए हंस उस ईश्वरीय गुण (Essence) का प्रतीक है जो प्राणी-अस्तित्व के बंधनों में जकड़ा रहकर भी उनसे स्वछंद रहता है। सीमित और असीम, नश्वर और विनाशहीन, पार्थिव और पारलौकिक, जड़ और चेतन सबके साथ और किसी के साथ नहीं।

यह आत्मा सृष्टि (Cosmos) और ब्रह्मांड (Universe) के पिंड के अंदर एक गीत की तरह तैरती है। हर संत और योगी अपनी साँस के उतार-चढ़ाव में यही गीत सुनता है और मस्त हो जाता है। हर अंदर जाती हुई साँस 'हं' है और हर बाहर आती हुई साँस 'स—सा' है। और होने वाला योगी निरंतर 'हं—सा', 'हं—सा' सुनता रहता है और अपने अस्तित्व की पारलौकिक वास्तविकता को पहचानने लगता है।

इस आंतरिक हंस के गीत में एक रहस्य और भी है। वह 'हं—सा' 'हं—सा' के साथ-साथ यह भी सुनता है—'सा—हं' (सा = वह, हं = मैं) और इसका मतलब है "वह मैं हूँ। जो वह है वही मैं हूँ।" अर्थात् मैं आत्मा हूँ, परमात्मा हूँ (अनलहक़)।

सोहम् बाम = अनलहक़ की .ख़ुशबू। ब्रह्म के साथ जीव की अभिन्नता। पूर्ण में अंश का विलय। इसलिए मुस्लिम सूफ़ी मंसूर के प्रसंग से, जिन्हें अनलहक़ कहने पर सूली चढ़ा दिया गया था, मैं ने 'सोहं' का अनुवाद अनलहक़ किया

है। दूसरी जगह कबीर ने इसी को 'सोहंग' लिखा है। गीत के प्रसंग में 'बाजै सोहंग तूरा' अर्थात् अनलहक़ का साज़ बज रहा है।

13. अनदेखे एकमात्र ईश्वर की कल्पना बहुत पुरानी है। अगर एक तरफ़ जहाँ उपनिषदों में जिनका क्रम ईसा से कई शताब्दी पहले आरंभ होता है, यह कल्पना मौजूद है तो दूसरी तरफ़ यहूदियों के पैगंबरों ने इसका प्रचार किया है। इस कल्पना ने प्राचीन काल में मानव-समूहों को क़बायली देवताओं की कल्पना से मुक्त करके अधिक व्यापक मानवी एकता की नींव डाली। इस्लाम की सारी बुनियाद एक ख़ुदा उपासना पर क़ायम है जो ला-इलाहा-इल-अल्लाह के चार शब्दों में निहित है।

इक़बाल ने अपनी मशहूर नज़्म 'शिकवा' में एक बंद कहा है जो कबीर के पद के विचार के बहुत निकट आ जाता है—

हमसे पहले था अजब तेरे जहाँ का मंज़र
कहीं माबूद थे पत्थर, कहीं मसजूद शजर
खूगरे-पैकरे-महसूस थी इंसाँ की नज़र
मानता फिर कोई अनदेखे ख़ुदा को क्यों कर
तुझको मालूम है लेता था कोई नाम तेरा
क़ूवते बाज़ुए मुस्लिम ने किया काम तेरा

(माबूद = जिसकी पूजा की जाए; मसजूद = जिसके आगे सिज्दा किया जाए; शजर = पेड़; खूगरे-पैकरे-महसूस = दिखाई देनेवाली प्रतिमाओं से परिचित; क़ूवते बाज़ुए मुस्लिम = मुसलमान का बाहुबल)

14. अस्ले-शुहूद-ओ-शाहिद-ओ-मशहूद एक है
हैराँ हूँ फिर मुशाहिदा है किस हिसाब में
है मुश्तमिल नुमूदे-सुवर पर वुजूदे-बहर
याँ क्या धरा है क़तर-ओ-मौज-ओ-हबाब में

—ग़ालिब

[**भावार्थ :** दृश्य, दर्शक और दर्शनीय का मूल एक ही है। मैं हैरान हूँ कि फिर दर्शन किस गिनती में है। समुद्र का अस्तित्व विभिन्न रूपों के प्रकट होने पर निर्भर है। बूँद, लहर और बुलबुले में क्या रखा है।]

15. सत्त लोक का वर्णन है अर्थात् जो कुछ भी ब्रह्मांड में है वही पिंड में है। मनुष्य स्वयं ही अपने घट (अस्तित्व) के अंदर यह सबकुछ देख सकता है।

कृष्ण—हिंदुस्तानी देवमाला के सबसे लोकप्रिय हीरो और हिंदुओं के सबसे प्रिय देवता हैं और विष्णु का आठवाँ अवतार समझे जाते हैं। उनकी लोकप्रियता

इतनी अधिक है कि दिल्ली और उत्तरप्रदेश के मुसलमान घरानों में जब बच्चा पैदा होता है तो गीत कृष्णजी के गाए जाते हैं। जैसे "अलबेली जच्चा मान करे नंदलाल से, सुहागन जच्चा मान करे नंदलाल से" या "अलबेले ने मुझे दर्द दिया, साँवलिया ने मुझे दर्द दिया"। नंदलाल और साँवलिया दोनों से अभिप्राय कृष्ण ही है। (प्रमाण के लिए देखिए 'रसूमे देहली', मौलाना सैयद अहमद देहलवी)। भारत के बँटवारे के बाद यह गीत पाकिस्तान भी पहुँच गए हैं। कृष्ण-भक्ति के गीत और कविताएँ उर्दू के बहुत-से कवियों के यहाँ मिलती हैं जिनमें सबसे महत्त्वपूर्ण नाम नज़ीर अकबराबादी (18वीं शताब्दी) और मौलाना हसरत मोहानी (20वीं शताब्दी) के हैं।

कृष्ण का नाम सबसे पहले ऋग्वेद में आता है। लेकिन वह कृष्ण जिनके चारों ओर भक्ति-रस की कविता और भक्ति-दर्शन का ज्योति-मंडल है, सबसे पहले छांदोग्य उपनिषद में प्रकट हुए हैं और वहाँ वह देवकी के बेटे हैं। फिर उनका संदेश भगवद्‌गीता में है जो अपने काव्य, दर्शन और आध्यात्मिकता की दृष्टि से अद्वितीय है। यह गीत कई शताब्दियों से भारत में लोकप्रिय है और यूरोप और अमरीका के विचारक और कवि भी उससे प्रभावित हुए हैं। विद्वानों का मत है कि 'भगवद्‌गीता' महाभारत के बाद की रचना है लेकिन अब वह महाभारत का एक अंग है। पुराणों में और ख़ासतौर पर भागवत पुराण में कृष्णजी के जीवन का जो वृत्तांत है वही अब जनसाधारण के लिए एक कहानी बन गया है। जिसके आधार पर शताब्दियों से हज़ारों और लाखों गीत और चित्र बनाए जा रहे हैं, जिनकी गिनती भारतीय कला की श्रेष्ठतम कृतियों में होती है। भागवत पुराण की कहानियाँ हिंदी में 'प्रेम-सागर' के नाम से अनूदित होकर लोकप्रिय हो चुकी हैं। हिंदी के दो बहुत बड़े कवियों मीराबाई और सूरदास की महानता का सारा आधार कृष्ण-भक्ति की कविता पर है।

कृष्णजी यादव वंश के थे और इस जाति के लोग जमुना के किनारे वृंदावन और गोकुल में पशु चराते थे। इस समय मथुरा और वृंदावन में कंस का शासन था।

कृष्ण-जन्म की कहानी विवरण की कुछ भिन्नता के साथ यहूदियों, ईसाइयों और मुसलमानों के एक महान पैग़ंबर हज़रत मूसा के जन्म की कहानी से बहुत मिलती-जुलती है।

कृष्णजी की माँ देवकी राजा कंस की बहन थीं और नारद मुनि ने यह भविष्यवाणी की थी कि देवकी का बेटा कंस के अत्याचारी शासन का अंत कर देगा। इस संकट से बचने के लिए कंस ने देवकी को अपने राजमहल में कैद कर लिया और उनकी कोख़ से जन्म लेने वाले छह बेटों की हत्या करवा दी। जब वह सातवीं बार गर्भवती हुईं तो वह विष्णु का अवतार था और

वह देवकी के पेट से उनकी सौत, वासुदेव की दूसरी पत्नी रोहिणी के गर्भ में चले गए। इस बच्चे का नाम बलराम था जो विष्णु के सफ़ेद बाल से पैदा हुए थे। देवकी के आठवें बेटे कृष्ण थे। उनका रंग इसलिए काला था कि वह विष्णु के काले बाल से पैदा हुए थे। आधी रात को जब कृष्णजी ने जन्म लिया तो महल के सिपाहियों को नींद आ गई और सारे द्वार खुल गए। कृष्ण के पिता वासुदेव बच्चे की जान बचाने के लिए उसे गोद में उठाकर मथुरा से बाहर चले गए और जमुना के पार एक अहीर नंद के घर पहुँचे जिसकी पत्नी यशोदा के यहाँ लड़की पैदा हुई थी। उन्होंने अपने बेटे को उसकी बेटी से बदल लिया। इस तरह कृष्णजी का पालन-पोषण यशोदा की गोद और नंद के घर में हुआ। और इसलिए वह नंदलाल कहलाते हैं। कंस ने अपनी घबराहट में यह आज्ञा दे दी कि जिस लड़के में शक्ति के लक्षण दिखाई दें उसका वध कर दिया जाए। नंद को जब यह ख़बर मिली तो वह कृष्ण और यशोदा, बलराम और रोहिणी को अपने साथ लेकर गोकुल चले गए। वहीं कृष्णजी अपने भाई बलराम के साथ हरे-भरे मैदानों में पले-बढ़े। बचपन में वह बहुत भोली शरारतें करते थे और मक्खन चुराकर खा लेते थे। जवानी में बाँसुरी बजाते फिरते थे और गोपियों को छेड़ते थे। उनकी सबसे प्रिय गोपी और पत्नी राधा थीं और इन्हीं दोनों के आधार पर सारी प्रेम-कथाओं, कविताओं और चित्रों की रचना हुई है। महाभारत युद्ध में कृष्णजी पांडवों के साथ थे और अर्जुन के सारथी के रूप में युद्ध में हिस्सा ले रहे थे। उस रणक्षेत्र में पांडवों और कौरवों की सेनाओं के बीच खड़े होकर कृष्णजी ने अर्जुन को 'भगवद्गीता' का उपदेश दिया था।

हज़रत मूसा के क़िस्से में कंस की जगह मिस्र का बादशाह फ़िरऔन है जिसने अपनी जान और सल्तनत बचाने के लिए यहूदियों के पैदा होने वाले बेटों के क़त्ल का हुक्म दे दिया था। जब मूसा पैदा हुए तो उनकी माँ ने उन्हें एक बक्स में बंद करके नील नदी में डाल दिया और फ़िरऔन की बेटी ने उस बक्स को निकाल लिया और हज़रत मूसा का पालन-पोषण फ़िरऔन के महल में हुआ। हज़रत मूसा की ज़िंदगी में भी एक युद्ध है जिसका अंत इस तरह होता है कि वह अपनी क़ौम को लेकर नील नदी पर आते हैं। नदी का पानी दोनों तरफ़ हट जाता है और बीच में रास्ता बन जाता है जिससे हज़रत मूसा अपनी क़ौम को लेकर गुज़र जाते हैं। लेकिन जब फ़िरऔन अपने लश्कर के साथ उस रास्ते से गुज़रने की कोशिश करता है तो दोनों तरफ़ से पानी के धारे आकर मिल जाते हैं और फ़िरऔन अपने लश्कर समेत नील नदी में डूब जाता है।

विष्णु—त्रिमूर्ति के दूसरे देवता। ऋग्वेद में विष्णु की गणना प्रथम कोटि

के दूसरे देवताओं में नहीं होती। वह सौर-शक्ति (Solar Energy) का रूप है। सारी सृष्टि उनके तीन पग के नीचे है और उनकी ज्योति से भरी हुई है। तीन पगों का अर्थ है ज्योति अर्थात् अग्नि, बिजली और सूरज। यह भी कहा जाता है कि इसका अर्थ सूर्योदय, मध्याह्न पर पहुँचना और सूर्यास्त है। विष्णु का काम संसार की रक्षा और रखवाली करना है।

ब्राह्मणों के लिखे हुए उन ग्रंथों में जिनमें वैदिक रीतियों का उल्लेख किया गया है और 'ब्राह्मण' कहलाते हैं, विष्णु को नई विशेषताएँ प्रदान कर दी गई हैं और उनका स्थान बहुत ऊँचा हो गया है। महाभारत और पुराणों में वह हिंदू त्रिमूर्ति के दूसरे देवता हैं और सत्-गुण का अवतार हैं और इसलिए संसार के रक्षक हैं। यह वह आत्मा है जो सारी सृष्टि में व्याप्त है। इसलिए उनको आद्य-अनंत जल-विस्तार से संबंधित कर दिया गया है। इस रूप में विष्णु का नाम नारायण है, अर्थात् जल में क्रीड़ा करने वाला। चित्रों में उन्हें शेषनाग पर लेटा हुआ दिखाया जाता है जो इस आद्य-अनंत जल-विस्तार (मूल सिद्धांत) में तैर रहा है। यह उस समय का दृश्य है जब सृष्टि अपने जीवन का एक चक्कर पूरा करके नष्ट हो जाती है और अपने जीवन का नया चक्कर आरंभ करने वाली होती है।

विष्णु के उपासक उनको सबसे बड़ा देवता मानते हैं जिनसे सभी वस्तुएँ जन्म लेती हैं। महाभारत और पुराणों में वह प्रजापति हैं और उनका अवतरण तीन अवस्थाओं में होता है। 1. सृष्टि के रचयिता जो आद्य और अनंत जल-विस्तार पर तैरते हुए स्वप्नस्थ विष्णु की नाभि से निकलने वाले कमल के फूल से पैदा होते हैं। 2. स्वयं विष्णु जो अपने अवतारों का जैसे राम और कृष्ण का रूप धारण करते हैं और इस तरह संसार की रक्षा करते हैं। 3. शिव या रुद्र या महेश जो विनाश की शक्ति हैं।

विष्णु के केवल दस अवतार हैं, लेकिन भागवत पुराण में बाईस अवतारों का उल्लेख किया गया है। और फिर अनगिनत अवतारों का भी उल्लेख किया गया है। सबसे लोकप्रिय सातवें अवतार राम और आठवें अवतार कृष्ण हैं और इन दोनों में भी कृष्ण को विष्णु का पूर्ण अवतार समझा जाता है।

कहा जाता है कि पवित्र गंगा विष्णु के चरणों से निकली है।

विष्णु संसार के रक्षक के रूप में सबसे अधिक लोकप्रिय देवता हैं और उनकी पूजा उल्लास की भावना के साथ की जाती है। उनके हज़ार नाम हैं और इन नामों का जपना शुभ समझा जाता है। उनका वाहन गरुड़ है। उनका रंग गहरा नीला है और चार हाथ हैं—एक में शंख, दूसरे में चक्र, तीसरे में गदा और चौथे में कमल का फूल (पद्म) है। उनके पास एक धनुष और तलवार भी है। उनकी पत्नी लक्ष्मी (धन की देवी) हैं, जिनके साथ वह कमल के फूल

पर बैठे या कमल के पत्ते पर तैरते हुए दिखाई देते हैं ('डिक्शनरी आफ़ हिंदू माइथालाजी', अंग्रेज़ी, जान डाउसन)।

ब्रह्मा—त्रिमूर्ति के पहले देवता का नाम जिन्हें जगदीश्वर, उत्पादक, प्रजापति और विधाता के नामों से भी याद किया जाता है।

रामायण में दिए गए वृत्तांत के अनुसार पहले केवल पानी था, जिससे पृथ्वी की रचना हुई। उसी पानी से ब्रह्मा प्रकट हुए जिन्होंने सूअर (वाराह) का रूप धारण करके पृथ्वी को ऊपर उठाया और अपने बेटों, ऋषियों और मुनियों के साथ सारे संसार की सृष्टि की। महाभारत के वृत्तांत के अनुसार ब्रह्मा विष्णु की नाभि से उत्पन्न हुए जहाँ से एक कमल का फूल बाहर निकला (देखिए 'सहस कँवल', पद 4)। इसलिए उनका नाम नाभिज और सरोजिन् भी है। वह अपनी कृपादृष्टि देवताओं और उनके शत्रुओं दोनों ही पर रखते हैं। शैव मत में ब्रह्मा का जनक महादेव या रुद्र (शिव) को माना जाता है, इसलिए ब्रह्मा शिवलिंग की पूजा करते हुए माने जाते हैं।

जब ब्रह्मा संसार की रचना करते हैं तो वह केवल एक दिन तक रहती है और ब्रह्मा का एक दिन दो अरब सोलह करोड़ दिन के बराबर होता है। इस लंबे दिन का अंत होने पर संसार अग्नि के प्रकोप से नष्ट हो जाता है, लेकिन ऋषि-मुनि, देवता और तत्त्व बाक़ी बच जाते हैं। फिर ब्रह्मा दुबारा संसार की सृष्टि करते हैं और प्रलय और नवसृजन का यह क्रम ब्रह्मा के जीवन के सौ वर्ष तक चलता रहता है (चूँकि ब्रह्मा का एक दिन दो अरब सोलह करोड़ साल के बराबर होता है इसलिए पहले इसे तीन सौ पैंसठ से और फिर जो गुणनफल आए उसे सौ से गुणा कीजिए तो ब्रह्मा के जीवन के सौ वर्ष का अनुमान होगा)। सौ वर्ष बाद ब्रह्मा का भी अंत हो जाता है, सारे देवताओं, ऋषियों और मुनियों का भी अंत हो जाता है और सृष्टि अपने तत्त्वों के रूप में छिन्न-भिन्न हो जाती है ('हिंदू प्रतिमा कोष', अंग्रेज़ी, जान डाउसन)।

यह काल-चक्र हिंदू कल्पना है जो इस्लामी काल-चक्र की कल्पना से भिन्न है। लेकिन अनोखा संयोग है कि इससे मिलती-जुलती कल्पना ग़ालिब के यहाँ मौजूद है। अपनी फ़ारसी रचना 'मेह्रे-नीमरोज़' (मध्याह्न का सूर्य) में उन्होंने लिखा है कि गुण ही अस्तित्व हैं और वे सूर्य के प्रतिबिंब से भिन्न नहीं। प्रलय के बाद नया मानव जन्म लेगा और एक मानव के बाद दूसरा मानव अवतार लेगा (देखिए 'दीवान-ए-ग़ालिब' की भूमिका, हिंदुस्तानी बुक ट्रस्ट, बंबई)।

महेश—(शिव = विनाशक = अर्थात् संसार को नष्ट करने वाले) त्रिमूर्ति के तीसरे देवता का नाम।

शिव का नाम वेदों में नहीं मिलता लेकिन उनके दूसरे नाम रुद्र का प्रयोग ऋग्वेद में अग्नि के लिए किया गया है। वेदों के रुद्र ने उन्नति करके कुछ समय

बाद शक्तिशाली शिव का रूप धारण कर लिया। यद्यपि शिव विनाश के देवता हैं परंतु उनकी शक्तियाँ और गुण कहीं ज़्यादा हैं। रुद्र के रूप में वह महाकाल है जो ह्रास, विनाश और मृत्यु लाता है। लेकिन हिंदू मत में विनाश स्वयं सृजन का सूचक है। इसलिए शिव और शंकर के रूप में यह पवित्र देवता निर्माण और नवसृजन की शक्ति बनकर प्रकट होते हैं, जिनके कारण ही मृत्यु के बाद जीवन, हर प्रलय के बाद सृजन का निरंतर क्रम चलता रहता है। इसलिए वह ईश्वर और महादेव हैं। उनकी नवजीवन के निर्माण की शक्ति को शिवलिंग के प्रतीक से व्यक्त किया जाता है और इसलिए शिव की पूजा या तो केवल लिंग के रूप में की जाती है या कभी-कभी लिंग के साथ योनि की भी उपासना होती है जो उनकी शक्ति (नारी-शक्ति) की प्रतीक है। शिव-शक्ति के प्राचीन मत के अनुसार इस नारी-शक्ति के बिना शिव केवल शव अर्थात् निष्प्राण देह है और जब उसमें शक्ति मिल जाती है तो वह शिव बनकर जाग उठता है। (भारतीय सभ्यता के इतिहासकारों और विद्वानों का मत है कि लिंग-पूजा प्राचीन आर्यों के आने से पहले भारत में प्रचलित थी, जिसका प्रमाण हड़प्पा के खँडहरों से निकलने वाले लिंग हैं। हिंदू धर्म में लिंग-पूजा का समावेश कदाचित् ईसा की पहली शताब्दी के आसपास हुआ।) महाकाल और महादेव के अतिरिक्त इनका तीसरा रूप एक ध्यानमग्न महायोगी का है जो अपनी तपस्या से अपार शक्ति प्राप्त कर लेता है, चमत्कार करता है, और सृष्टि की विशाल आत्मा में विलीन हो जाता है। इस भूमिका में वह एक नंगा योगी है जिसे दिगंबर कहते हैं (दिक् = दिशाएँ = शून्य जिसका अंबर या वस्त्र है)। वह धूर्जटि हैं जिनके बाल उलझे हुए हैं और शरीर पर भभूत मली हुई है। अपनी पहली भूमिका अर्थात् विनाशक शक्ति की दृष्टि से वह भैरव हैं जो विनाश से आनंद प्राप्त करते हैं। साथ ही साथ वह भूतेश्वर भी हैं और भूत-प्रेतों पर शासन करते हैं। वह अपनी जटाओं में साँप लपेटकर और गले में नरमुंडों की माला पहनकर भूत-प्रेतों, पिशाचों और डाकिनियों के साथ श्मशानों में घूमते-फिरते हैं और उन्मत्त होकर महानाश का वह नृत्य करते हैं जिसे तांडव कहते हैं।

शिव शांति और शून्य के भी देवता हैं और नृत्य के देवता भी (नटराज)। तमिलनाडु में नटराज की उपासना होती है और बनारस में विश्वेश्वर की। उत्तर में उनका निवासस्थान कैलाश पर्वत और दक्षिण में चिदंबरम् का मंदिर है, जहाँ उनको नाचता हुआ देवता माना जाता है। शिव 108 प्रकार के नृत्यों के प्रवर्त्तक हैं, जिनमें से कुछ बहुत ही रसमय और सुंदर हैं और कुछ बहुत ही वीभत्स और भयानक। इनमें सबसे प्रसिद्ध तांडव है। इस नृत्य से सृष्टि नष्ट हो जाती है और काल का एक चक्र पूरा हो जाता है।

शिव के भी हज़ार से अधिक नाम हैं जो उनके विभिन्न गुणों को व्यक्त करते हैं। शिव के पाँच सिर (पंचानन) और चार हाथ हैं। चित्रों में बहुधा उन्हें बैठा हुआ दिखाया जाता है, ध्यानमग्न। माथे पर तीसरी आँख है जो इतनी प्रलयकारी है कि उससे कामदेव भस्म हो गए थे। उस तीसरी आँख के ऊपर माथे पर उदीयमान चंद्रमा सुशोभित है। उलझी हुई जटाओं की गाँठ सिर पर सींग की तरह दिखाई देती है जिस पर गंगा नदी का प्रतीक है जिसकी आकाश से गिरती हुई धार को शिव ने अपने सिर पर रोक लिया था। गले में मुंड-माला है और साँप लिपटे हुए हैं (नाग कुंडल) और संसार को नष्ट कर देने वाला विष पी लेने की वजह से गरदन नीली है (नीलकंठ)। हाथों में त्रिशूल, डमरू, गदा और रस्सी है, शरीर पर शेर, हिरन या हाथी की खाल का वस्त्र है। आमतौर से उनका वाहन नंदी बैल पास ही दिखाई देता है। प्रोफ़ेसर कोसांबी के अनुसार लिंग पुराण के प्रमाण के आधार पर यह कहना ग़लत न होगा कि नंदी बैल शिव का गण चिह्न (Totem) है और पाषाण युग की सभ्यता के अंतिम चरण (Neolithic) से लगभग दो हज़ार वर्ष पहले जंगली जातियों में नंदी बैल की उपासना का प्रमाण मिलता है। इस प्रकार शिव का पात्र आर्य और अनार्थ क़बीलों की एकता का प्रतीक बन जाता है (1. 'डिक्शनरी आफ़ हिंदू माइथालोजी', अंग्रेज़ी; डाउसन; 2. 'द वंडर दैट वाज़ इंडिया', अंग्रेज़ी, बाशम; 3. 'इंट्रोडक्शन टु द स्टडी आफ़ इंडियन हिस्ट्री', अंग्रेज़ी, दामोदर धर्मानंद कोसांबी से उद्धृत)।

सरस्वती—विद्या, कला और कविता की देवी, वेदों में एक नदी और एक देवी दोनों रूपों में उल्लेख है। सरस्वती नदी बहुत पवित्र थी और आर्य आरंभ में भारत में आकर जिस प्रदेश में बसे, जिसे ब्रह्मावर्त कहते हैं, उसकी एक सीमा पर यह नदी बहती थी। नदी की देवी के रूप में सरस्वती उर्वरता और पवित्रता की शक्ति है। वाक् की देवी के रूप में वेदों में उल्लेख नहीं मिलता लेकिन ब्राह्मणों और महाभारत में वह वाक् की देवी है। हिंदू प्रतिमा-विद्या के अनुसार सरस्वती ब्रह्मा की पत्नी हैं और संस्कृत भाषा और देवनागरी अक्षरों की प्रणेता मानी जाती हैं। इनका रंग गोरा और शरीर सुडौल, माथे पर उदीयमान चंद्रमा है और वह कमल के फूल पर बैठी या खड़ी हुई दिखाई देती हैं ('हिंदू प्रतिमा-कोष', अंग्रेज़ी, जान डाउसन)।

इंद्र—आकाश के देवता। वेदों ने इनकी गणना प्रथम कोटि के देवताओं में की है लेकिन वह सृजनोपरि नहीं हैं, माँ और बाप का उल्लेख है। उनका रंग सुनहरा है और हाथ लंबे-लंबे हैं। लेकिन वह अपने रूप बदल सकते हैं। उनका दो घोड़ों का रथ सुनहरा है, अस्त्र वज्र है जो दाहिने हाथ में है। सोमरस उन्हें बहुत प्रिय है जिसे वह शराबियों की तरह पीते हैं और उससे मस्त हो

जाने के बाद शत्रुओं से युद्ध करने निकलते हैं। वायु के देवता के रूप में वह ऋतुओं पर शासन करते हैं और वर्षा का जल बाँटते हैं। वेदों में अग्नि के सिवा सबसे ज़्यादा जिस देवता की तारीफ़ है वह इंद्र हैं। वह बहुत उदार और दानी देवता हैं जिनका नाम वर्षा, उर्वरता, बिजली और तूफ़ान से जुड़ा हुआ है और वह अकाल और अनावृष्टि के रूप में असुरों के विरुद्ध निरंतर लड़ते रहते हैं। दासों और असुरों के 'पत्थर के बने हुए शहरों' को नष्ट करने का श्रेय उन्हीं को है। उनकी प्रत्यक्ष रूप से उपासना नहीं की जाती लेकिन कुछ त्योहारों का संबंध उनके नाम के साथ जुड़ा हुआ है। ब्रज की चरागाहों में ग्वाले उनकी पूजा करते थे, लेकिन कृष्ण ने उनका मन मोह लिया और इंद्र की पूजा बंद हो गई। इस पर इंद्र को बहुत क्रोध आया जो ब्रजवासियों पर वर्षा का प्रकोप बनकर उतरा। लेकिन कृष्ण ने जो विष्णु का अवतार थे, गोवर्धन पर्वत को अपनी एक उँगली पर उठा लिया और उसे सात दिन तक छतरी की तरह इस्तेमाल किया। अंत में इंद्र की पराजय हुई और उन्होंने कृष्ण के प्रभुत्व को स्वीकार कर लिया।

चौरासी लक्ष जीव = चौरासी लाख योनियाँ। जैन और हिंदू मत के अनुसार हर प्राणी मुक्ति पाने से पहले चौरासी लाख बार जीवन धारण करता है।

17 पद (1) **ग्रह** = तारा, **तपन** = सूरज (देखिए पद 89)

पद (2) **सुरत** और **निरत** साधना के दो पक्ष हैं। एक 'निरत' जिसका अर्थ है संसार से विरक्त हो जाना और दूसरा 'सुरत' जिसका अर्थ है भगवान से लौ लगाना। इसलिए इस पद में और आगे के पदों में सुरत का अनुवाद प्रेम और निरत का अर्थ बैराग लगाया गया है। कबीर ने सुरत (प्रेम) की उपमा राग से और निरत (बैराग) की वीणा के तार से दी है। जिस तरह तार से राग पैदा होता है, उसी तरह बैराग से प्रेम पैदा होता है।

पद (6) **अगम** = अगम्य = निश्चल, शांत, जिसका बोध न हो सके, जिसे प्राप्त न किया जा सके, जिसमें दूसरे का प्रवेश असंभव हो, गहरा, अथाह, असीम, अनंत। बिगड़े हुए रूप **'आगम'** में इसका अर्थ है भविष्य या परलोक।

20. देखने में बहुत ही सीधा-सादा यह पद अत्यंत गूढ़ दार्शनिक विचारों से भरा हुआ है, जिस पर शून्यवाद और विज्ञानवाद (योगाचार) के दर्शन का प्रतिबिंब पड़ रहा है। इनके अनुसार एक बाह्य सृजनात्मक शक्ति जिसे 'परिकल्प' कहते हैं, प्रत्यक्ष रूपों के अस्तित्व का कारण है। यह चमत्कारिक सृजनात्मक विचार है जो 'आलय विज्ञान' के चिरकालीन और अक्षय भंडार से हर कल्पना और हर चित्र के लाक्षणिक गुण प्राप्त कर सकता है। यह भंडार स्वतः भाव मात्र है, वह विचार जो अपने अस्तित्व के लिए किसी वस्तु पर आश्रित नहीं (शुद्ध भाव),

अर्थात ऐसा भाव जो केवल शून्य, निस्तब्धता और पूरा सन्नाटा है।

23. आचार्य हज़ारी प्रसाद द्विवेदी ने लिखा है कि संध्याकाल का अंधकार कविता में बुढ़ापे का प्रतीक है परंतु इस पद में वह प्रणय का प्रतीक है। शंख, घंटे और शहनाइयाँ प्रणय का उत्सव मनाने के लिए हैं। चूँकि संध्या का अंधकार पश्चिम की ओर से बढ़ता आता है इसलिए पश्चिम की खिड़की खोलना उजाले का प्रतीक है, जिसमें पश्चिम का अभिप्राय मनुष्य की पीठ है जहाँ रीढ़ की हड्डी के बीच में आत्मा तक पहुँचने का वह मार्ग गुज़रता है जिसे सुषुम्ना मार्ग कहते हैं।

25. हरि = विष्णु के लिए प्रयोग किया जाता है। कबीर ने बहुधा भगवान के अर्थ में लिया है।

26. ओंकार = भगवान का राग-रूपी या शब्द-रूपी अंग, परमात्मा, सृष्टि का रचयिता।

27. अनचिन्हार = अपरिचित।

28. बाजै सोहं तूरा—(देखिए पद 12) जब गुरु शिष्य के पैर छूता है तो द्वैत अद्वैत में परिवर्तित हो जाता है। इसे तसव्वुफ़ में 'सिर्रे-तौहीद' (एकपन का भेद) कहते हैं (देखिए पद 47)।

29. बइचित्रा—एकता का अनेकता में परिवर्तित होना।

ब्रह्मा-विष्णु-शिव = (देखिए पद 15)

इस पद में यह भाव है कि आत्मा का अस्तित्व स्वयं ब्रह्मा, विष्णु और शिव से पहले से था। आत्मा ब्रह्म में लीन थी। फ़ारसी के प्रसिद्ध कवि हाफ़िज़ शीराज़ी ने इस विचार को इस प्रकार व्यक्त किया है :

माजराए-मन-ओ माशूक़े-मरा पायाँ नीस्त
हरचे आग़ाज़ नदारद न पिज़ीरद अंजाम

[भावार्थ : मेरी और मेरे माशूक़ की मुहब्बत की कहानी कभी ख़त्म नहीं हो सकती। जिस चीज़ का आरंभ नहीं है उसका अंत कैसे हो सकता है। अर्थात् मेरा प्रेम आदिकाल से चला आ रहा है और अंतकाल तक चलता रहेगा। वह तब से है जब से परमात्मा है और परमात्मा का कोई आरंभ नहीं है।]

और रूमी ने कहा है :

मा ख़ालिने-ख़ज़ानए-दिलदार बूदः एम
मा सालहा मुसाहिबे-दिलदार बूदः एम
मा दर फ़ज़ाए-आलमे-असरार सालहा
बा-तायराने-क़ुदस दर अतवार बूदः एम
मा रख़्ते .ख़ुद ज़े आलमे हस्ती कशीदः
बर कूए-यार बे-ग़मे-अग़यार बूदः एम
आदम हनोज़ दर अदम-आबाद बुद किमा
मस्त-ख़राबे-नरगिसे-आँ यार बूदः एम
पेशअज़ ज़ुहूरे-अंजुम-ओ-अफ़लाक-ओ-दायरात
दायर ब-गिर्दे-नुक़्ता चो परकार बूदः एम
दर गुलशने-विसाल ब-चंदीं हज़ार साल
पेश अज़ दो कौन तायरे-तय्यार बूदः एम
ग़ैर अज़ यके न बूद-ओ न-बाशेम-ओ-नीस्तंम
दर कसरते-चुनीं पये-इज़्हार बूदः एम
('कुलियाते-शम्स तबरेज़ी')

[भावार्थ : मैं महबूब के ख़ज़ाने का रखवाला हूँ, मैं बरसों उसका मुसाहिब रह चुका हूँ। मैं अज्ञानलोक के पक्षियों (फ़रिश्तों) के साथ बरसों उड़ चुका हूँ। इहलोक से मैं विरक्त हो गया और यार की गलियों में रक़ीब (प्रतिद्वंद्वी) के बग़ैर अकेला रह गया हूँ। जब आदम की सृष्टि भी नहीं हुई थी जब मैं अपने यार की आँखों में मस्त व ख़राब था। आसमानों और सितारों के अस्तित्व से पहले मैं परमात्मा के केंद्र-बिंदु के चारों ओर घूम रहा था। दोनों लोक के अस्तित्व से भी पहले मैं ही प्रणय-उद्यान में उड़ रहा था। एक के सिवा न तो कुछ था, न हो सकता है, और न है। केवल अपने-आप को व्यक्त करने के लिए उसने यह अनेकता का रूप धारण किया है।]

30. पखेरू यहाँ जीवात्मा (हंस) का प्रतीक है और तरुवर शरीर का।

31. **गगन किवाड़**—शून्य का द्वार, साधना, समाधि।

32. सारी सृष्टि आदि सिद्धांत के चारों ओर नाच रही है। इस पद में ईश्वर की महिमा का गुणगान किया गया है (देखिए पद 89)।

33. इक़बाल ने कहा है :

वह हर्फ़े-राज़ कि मुझको सिखा गया है जुनूँ
ख़ुदा मुझे नफ़से-जिब्रईल दे तो कहूँ

[भावार्थ : मेरा उन्माद मुझे वह मंत्र सिखा गया है कि .ख़ुदा मुझे जिब्रील (ख़ुदा का पैग़ाम लाने वाला फ़रिश्ता) की साँस दे तो बताऊँ।]

40. तांत्रिक साधकों ने योग और भोग को एक ही माना है। योग की साधना पारलौकिक चेतना का वह जुआ है जो संसार के अनुभव से प्राप्त की गई सामान्य मानव चेतना की गरदन पर रख दिया जाता है और भोग सांसारिक सुख-दुख को पूरी तरह बरतने का नाम है। तांत्रिक सिद्धांतों के अनुसार भोग को योग का साधन बनाया जा सकता है। इसलिए इस मत में रूप-उपासना, काम-भोग के अलावा मांस-मछली, भुने हुए अनाज और मदिरा का सेवन भी शामिल है। फ़ारसी और उर्दू शायरों में पाप के प्रचार और पाप की महानता का दर्शन जिसकी वजह से यह शायरी बेहद रंगीन रोचक हो गई है, इन तांत्रिक विचारों से बहुत निकट है :

बंदानवाज़ियों पे ख़ुदाए-करीम था
करता न मैं गुनह तो गुनाहे-अज़ीम था

—अमीर मीनाई

और उमर ख़ैयाम ने तो हद कर दी, गुनाह को रहमत (कृपा) की आराइश (सजावट) ठहरा दिया :

आबाद ख़राबात ज़िमय ख़ुर्दने मा
ख़ूने दो हज़ार तोबः बर गर्दने मा
गर मन न कुनम गुनाह रहमत चे कुनद
आराइशे-रहमत ज़ि गुनह कर्दने मा

[अर्थात् यह दुनिया मेरी शराबनोशी से आबाद है। मेरी गरदन पर दो हज़ार तोबाओं का ख़ून है। अगर मैं पाप न करूँ तो वह बेचारी कृपा क्या करेगी। मेरे पाप ही तो उसकी सजावट हैं।]

इसी दार्शनिक विचारधारा के अनुसार शराब, जो इस्लाम में हराम थी, ईश्वर से संबंध जोड़ने वाली शराब बन गई और ऐसे शेर कहे गए जैसे :

ज़ि मय सज्जादः रंगीं कुन, गरत पीरे-मुग़ाँ गोयद
कि सालिक बे-ख़बर न बुवद ज़ि राह-ओ-रस्मे मंज़िलहा

—हाफ़िज़

[अर्थात् अगर पीरे-मुग़ाँ (मदिरालय का बूढ़ा प्रबंधक) कहे तो जा-नमाज़ (नमाज़ पढ़ने की दरी या चटाई) को शराब से रंगीन कर लो क्योंकि आत्मा को मार्ग

दिखाने वाला मंज़िल की राह-औ-रस्म से बे-ख़बर नहीं होता।]

कबीर के यहाँ कहीं-कहीं तांत्रिक प्रभाव मिलते हैं जैसे इस पद में योग और भोग के संबंध में उनका दृष्टिकोण, लेकिन कबीर के यहाँ भोग केवल घरेलू जीवन और सामाजिक दायित्व तक सीमित है। इसमें काम-भोग और मदिरा-सेवन आदि शामिल नहीं है।

41. सहज का अर्थ है जो साथ उत्पन्न हो, अर्थात् स्वाभाविक। और कबीर ने इसी अर्थ में सहज समाधि का प्रयोग किया है (देखिए ऊधो, पद 5)।

बंगाल के बाउल (बाउला = उन्मत्त) भक्तों में, जो "सभी परंपरागत बंधनों से मुक्त हवा की तरह मारे-मारे फिरते हैं" (के.एम. सेन) और जिन्होंने अपनी इमारत बौद्ध मत, तांत्रिक और वैष्णव मत के खँडहरों पर खड़ी की है, सहज साधना की बहुत सुंदर कल्पना मिलती है :

"मैं इसलिए बावला हो गया हूँ, मेरे भाई,
"कि किसी रीति, किसी रिवाज़,
किसी मालिक का पाबंद नहीं हूँ
"मनुष्य के बनाए हुए भेद-भाव मेरे लिए व्यर्थ हैं
"मैं अपने मन से पैदा होनेवाले प्रेम के सरोवर में
डूबा हुआ हूँ
"प्रेम में विरह और वियोग नहीं, मिलन ही मिलन है
"दिल से दिल मिले रहते हैं
"मैं इस ख़ुशी में नाचता-गाता रहता हूँ
"मैं इसलिए बावला हो गया हूँ, मेरे भाई।"

उर्दू के कवि मीर तक़ी 'मीर' ने बेहद मस्ती की इस अवस्था को ग़ज़ल के दो मिसरों में समेट लिया है :

उसका बह्ले हुस्न सरासर औजे-मौज-ओ-तलातुम है
शौक़ की अपने निगाह जहाँ तक जावे बोस-ओ-कनार है आज

[अर्थात् उसके रूप-सागर में ऊँची-ऊँची लहरों की उठान और तूफ़ान के सिवा कुछ नहीं है, इसलिए अपने शौक़ (उत्कंठा) की निगाह आज जहाँ तक भी जाए उसे चुंबन और आलिंगन ही मिलेगा।]

सहज पर बाउल भक्तों का आग्रह इतना ज़्यादा है कि वे अपने आंदोलन का इतिहास भी लिखने को तैयार नहीं हैं। ए.के. सेन ने अपनी अंग्रेज़ी किताब

'हिंदूइज़्म' में एक बहुत ही रोचक घटना का वर्णन किया है। जब उन्होंने पूर्वी बंगाल में नदी के किनारे बैठे हुए एक बाउल से पूछा कि "आप आने वाली पीढ़ियों के लिए अपना ऐतिहासिक वृत्तांत क्यों नहीं रखते ?" तो उसने जवाब दिया कि "हम तो सहज को मानते हैं और इसलिए अपने पीछे कोई पद-चिह्न छोड़ना ज़रूरी नहीं समझते।" उस समय नदी का पानी उतरा हुआ था और कुछ माँझी अपनी नाव को कीचड़ में खींच रहे थे जिसकी वजह से कीचड़ में निशान पड़ गए थे। बाउल ने उधर इशारा करके कहा, "क्या भरे पानी में तैरती हुई नाव कोई निशान छोड़ती है; केवल वही माँझी जो अपनी मजबूरी की वजह से कीचड़ में नाव चलाते हैं निशान छोड़ जाते हैं। यह तो सहज नहीं है। असली कोशिश यह होनी चाहिए कि भक्ति की उस धारा पर तैरते रहें जो भक्तों के अपने जीवन से पैदा होती है और फिर एक धारा को दूसरी धारा से मिला दें। बाउल केवल बाउल हैं और कुछ भी नहीं। वे किसी भी वर्ग, किसी भी जाति से आएँ उनका कोई और कारनामा नहीं है। सब धाराएँ गंगा में मिलकर गंगा बन जाती हैं।"

जापानी ज़ेन संप्रदाय की एक घटना इससे भी रोचक है। किसी सभा में बहुत-से ज़ेन संप्रदाय वाले जमा हुए। वक्ता प्रवचन के लिए खड़ा हुआ। इतने में एक चिड़िया आई और खिड़की पर बैठकर गाने लगी। वक्ता ने अपना प्रवचन शुरू नहीं किया और चिड़िया का गीत सुनता रहा। जब चिड़िया गीत पूरा करके उड़ गई तो वक्ता ने घोषणा की कि सभा समाप्त हो गई और सब श्रोता चले गए।

ग़ालिब के शब्दों में इसका निचोड़ यह है कि—

है रंगे-लालः- ओ-गुल-ओ-नसरीं जुदा-जुदा
हर रंग में बहार का इस्बात चाहिए
सर पाये-ख़ुम पे चाहिए हंगामे बे ख़ुदी
रू सूए-किब्लः वक़्ते मुनाजात चाहिए
यानी ब-हस्बे-गर्दिशे-पैमानए-सिफ़ात
आरिफ़ हमेशा मस्ते-मये-ज़ात चाहिए

[अर्थात् लाल, गुलाब और सेवतीं आदि सभी फूलों के रंग अलग-अलग होते हैं, लेकिन बहार को हर रंग में स्वीकार करना चाहिए। मस्ती के समय सिर मधुघट के पैरों पर और प्रार्थना के समय मुँह काबे की ओर होना चाहिए। यानी सगुण की मदिरा का दौर के अनुसार हमेशा ज्ञानी को निर्गुण की मदिरा में लीन होना चाहिए।]

और सहज के अनायास भाव को इक़बाल ने इन शब्दों में व्यक्त किया है :

न पैवस्तम दर इन बुस्ताँ सरा दिल
ज़ि बंदे ईन-ओ-आँ आज़ादः रफ़्तम
जो वादे-सुब्ह गर्दीदम दमे-चंद
गुलाँ रा आब-ओ-रंगे दादः रफ़्तम

[भावार्थ : मैंने इस रंग-ओ-बू से भरी हुई दुनिया से दिल नहीं लगाया। मैं ऐसे-वैसे बंधनों से सदा मुक्त रहा। सुबह की हवा की तरह मैं इस चमन में आया और फूलों को रंग और रूप देकर चला गया।]

42. सूफ़ियों और संतों ने ज्ञान और बोध की अपेक्षा प्रेम को प्रधानता दी है। उनके यहाँ अंतर्ज्ञान ही वास्तविक उपासना है और बोध प्रत्यक्ष उपासना है और उसके रीति-रस्मों और बंधनों को बेकार कर देता है। इसका सामाजिक पक्ष यह है कि मौलवी, पुरोहित और धर्म के प्रत्यक्ष रूप ने ज्ञान और बोध पर अधिकार कर रखा था। अंतर्ज्ञान उनके इस एकाधिकार को तोड़ देता है और ईश्वर को सर्वसाधारण तक पहुँचा देता है।

44. पद 17 के पहले तीन छंदों में भी कबीर ने चाँद, सूरज और सितारों की प्रभा को इस परम-ज्योति का प्रतीक माना है, जिससे सारी सृष्टि भरी हुई है। इस संत कवि ने बार-बार ईश्वर को एक प्रकाश अथवा ज्योति का रूप दिया है। यह विचार कबीर का इस्लामी उत्तराधिकार है जिसमें कहा गया है कि अल्लाह आसमानों और ज़मीन का नूर है।

46. प्रसिद्ध प्राचीन फ़ारसी शायर अबू सईद अबुल ख़ैर ने एक रुबाई में कहा है :

पुर्सीद यके मंज़िले आँ मेह्र-गुसिल
गुफ़्तम कि दिले मन अस्त ऊरा मंज़िल
गुफ़्ता कि दिलत कुजास्त, गुफ़्तम बर ऊ
पुर्सीद कि ऊ कुजास्त, गुफ़्तम दर दिल

[भावार्थ : किसी ने पूछा कि उस मेह्र-गुसिल (सूरज को पिघला देने वाला) की मंज़िल कहाँ है। मैंने कहा, मेरे दिल में। पूछा, तेरा दिल कहाँ है। मैंने कहा, उसके पास। पूछा, वह कहाँ है। मैंने कहा, मेरे दिल में।]

एक और फ़ारसी शेर है—

खुद कूज़: ओ खुद कूर्ज़:गर ओ खुद गिले-कूज़: खुद दिंदे-सुबूकश
खुद बर सरे आँ कूज़: ख़रीदार बर आ मद बिशकस्त ओ रवाँ शुद

—रूमी

[भावार्थ : वह ख़ुद ही कूज़: (मिट्टी का प्याला) है, ख़ुद ही उसका बनाने वाला और ख़ुद ही वह मिट्टी है जिससे प्याला बनता है और ख़ुद ही उस प्याले में शराब पीने वाला। फिर वह .ख़ुद उस प्याले का ख़रीदार बनकर ज़ाहिर हो जाता है और प्याले को तोड़कर चल देता है।]

47. यहाँ पेड़ से अभिप्राय संसार है लेकिन उसे बिना जड़ का इसलिए कहा गया है कि वह माया का उत्पन्न किया हुआ है, केवल एक कल्पना का जाल। मगर चेले (आत्मा, जीव) के साथ गुरु (ब्रह्म, परमात्मा) भी मौजूद है। जीव तो रस चखने अर्थात् संसार को भोगने में लीन है और भगवान अर्थात् परमात्मा निरंतर खेल में अर्थात् अपनी लीला दिखाने में व्यस्त है और प्रसन्न हो रहा है। इस पद के आरंभ में जो अलग-अलग मालूम होते हैं वे अंत में एक हो जाते हैं। निराकार (गुरु, परमात्मा) प्रत्येक साकार (जीव, व्यक्ति) के अंदर मौजूद है। इसलिए सांसारिक रूपों पर ही न्यौछावर हो जाने को जी चाहता है। शेख़ सादी के शब्दों में "आशिक़य बर हमः आलम की हमः आलम अज़ूस्त" अर्थात् मैं सारी दुनिया पर आशिक़ हूँ क्योंकि सारी दुनिया उसी से है। सूफ़ियों की भाषा में वह उसे 'सिर्रे-तौहीद' (एकपन का भेद) कहते हैं। यथार्थ का बाह्य रूप मनुष्य है और वह यथार्थ के आंतरिक रूप ईश्वर के साथ एक है। सूफ़ी अपनी ख़ुदी (अहं) के भ्रमजाल से निकलकर परमात्मा में लीन हो जाता है, फिर उसको हर आकृति में ईश्वरीयता का रूप दिखाई देने लगता है। मौलाना रूमी ने इसे "हक़ीक़त दर हक़ीक़त ग़र्क़:" कहा है अर्थात् हक़ीक़त हक़ीक़त में डूब गई।

51. सूफ़ी भी यही मानते हैं कि मृत्यु प्रेमी से मिलन (विसाले-महबूब) है। इस विचार का अधिक परिष्कृत रूप प्रकृति से एकाकार होना है जिसने उर्दू के क्लासिकी शायरों के यहाँ बड़ा सुंदर रूप धारण किया है। मीर कहते हैं—

रंगे-गुल-ओ-बूए-गुल होते हैं रवाँ दोनों
क्या क़ाफ़िला जाता है तू भी जो चला चाहे
फिर न कुछ देखा वजुज़ यक शोलए पुर पेच-ओ-ताब
शमअ तक तो हमने देखा था कि पर्वानः गया

56. अद्वैत की तरह ग़ैब पर ईमान रखना भी इस्लाम की बुनियाद है। इस पद की पहली पंक्ति इस विचार के निकट है। कबीर की कविता में दूसरी

जगहों पर ग़ैब का शब्द बार-बार आया है।

57. देखिए 10।

60. मीर तकी 'मीर' कहते हैं—

सरापा आरज़ू होने ने बंदा कर दिया हमको
वगर्ना हम ख़ुदा थे गर दिले-बे-मुद्दआ होते

[दिले-बेमुद्दआ=निष्काम हृदय]

66. "जिसने अपने-आप को पापों से मुक्त नहीं किया, जिसने संयम और सच्चाई को छोड़ दिया और गेरुए वस्त्र धारण करने की इच्छा की वह गेरुए वस्त्र धारण करने योग्य नहीं है।" ('धम्मपद'—मैक्समूलर के अंग्रेज़ी अनुवाद से अनूदित)

भारत के राष्ट्रध्वज के रंगों पर अपने विचार व्यक्त करते हुए डा. राधाकृष्णन ने कहा है, जोगिया या गेरुआ रंग वास्तव में आग का रंग है और उस शक्ति का प्रतीक है जिसमें हर गंदी चीज़ जलकर ख़ाक हो जाती है।

इसलिए गेरुआ वस्त्र संसार को त्याग देने वाले योगियों का वस्त्र ठहराया गया और बौद्ध भिक्षुओं ने भी पहना। लेकिन यह वस्त्र स्वयं एक प्रकार की धार्मिक वर्दी बन गया। इसलिए सूफ़ियों और संतों ने तमाम धर्म-प्रवर्तकों के इस प्रकार के वस्त्रों की तरह गेरुए वस्त्रों का भी विरोध आरंभ कर दिया और इसकी अपेक्षा मन के रंग अर्थात् हृदय की शुद्धता पर ज़ोर दिया।

कबीर की तरह बंगाल के बाउल भक्तों का यह कहना है कि "अगर रंग मन में न हो तो बाहर क्या दिखाई देगा। कच्चे फल के छिलके को रँग देने से कुछ फल पक नहीं जाता।" वह तो कच्चा ही रहता है।

फ़ारसी और उर्दू शायरी में शेख़ और मुल्ला के अमामे और मज़हबी लिबास का ख़ूब मज़ाक़ उड़ाया गया है। अकसर मयख़ाने के लौंडे शेख़ का अमामा उतार ले जाते हैं :

जो पाक रखते हैं तन का जामा, रखे हैं नापाक दामने-दिल
.ख़ुदा के नज़दीक, ऐ मुसल्ली, नहीं हैं ज़िन्हार वह नमाज़ी
—मुहम्मद रफ़ी 'सौदा'

[मुसल्ली=नमाज़ी; ज़िन्हार=हरगिज़]

69. दिल से पूछा यह मैं कि इश्क़ की राह

किस तरफ़ मेह्रबान पड़ती है
कहा उन ने कि न यह हिंदुस्तान
नै सूए - इस्फ़हान पड़ती है
यह दोराहा जो कुफ़्-ओ-दीन का है
दोनों के दरमियान पड़ती है

—सौदा

75. देखिए 44।

80. पेड़, शाख़ और जड़ की उपमा जामी के यहाँ भी है :

दिला मनशीं दर ईं वीरानः चूँ चुग्द
सूए मुर्ग़ानि-क़ुदूसी आशियाँ बर
बुवद गेती दरख़्ते सर-बसर शाख़
वले जुम्लः सूए यक अस्ल रहबर
ज़हर शाख़े सूए आँ अस्ल रह जू
चूँ आँ रा याफ़्ती अज़ शाख़ बुग्ज़र
न बाशद शीवए-मुर्ग़ाने-ज़ीरक
नशिस्तन हर ज़माँ बर शाख़े दीगर

[भावार्थ : ऐ दिल, वीराने में उल्लू की तरह न बैठ। उड़कर उन पक्षियों के पास पहुँच जा जिनका आशियाना सबसे ऊँचे आकाश पर है। ज़मीन एक ऐसा पेड़ है जिसमें शाख़ें हैं लेकिन वे तमाम शाख़ें एक असलियत यानी जड़ की तरफ़ ले जा रही हैं। हर शाख़ से अस्ल की तरफ़ जाने की राह तलाश कर। जब वह मिल जाए तो शाख़ को छोड़ दे। नई-नई शाख़ों पर बैठते रहना समझदार पक्षियों का काम नहीं।]

89. पद 17 का पहला छंद भी देखिए।

गगन राग : वास्तव में सितारों का गीत है। कबीर ने अपने कई दूसरे पदों में इसको बार-बार दोहराया है। मुस्लिम दार्शनिकों और सूफ़ी कवियों के यहाँ यह कल्पना मौजूद है। इसका सूत्रपात यूनानी विचारक पाइथागोरस (Pythagorus) के इस सिद्धांत से हुआ है कि ग्रहों की दूरी और उनकी गति का संतुलन संगीत के सिद्धांत की बुनियाद पर क़ायम है। मुस्लिम दार्शनिकों ने इससे यह निष्कर्ष निकाला कि ग्रहों और नक्षत्रों से गीत उत्पन्न होता है जो ख़ुदा की वंदना और स्तुति के लिए है। और इस गीत को आत्माएँ सुन सकती हैं। आदि नियम के चारों ओर घूमते हुए नक्षत्रों की परिक्रमा प्रेम

का परिणाम है। यही गीत आसमान से उतरकर ज़मीन पर आया है। मौलाना रूमी कहते हैं—

पस हकीमाँ गुफ़्तः अंद ईं लहनहा
अज़ दवारे चर्ख़ बिगिरिफ़्तेम मा
बाँगे-गर्दिशहाए-चर्ख़ अस्त इन कि ख़ल्क़
मी सरायदश ब-तंबूर ओ ब-हल्क़

[भावार्थ : इसलिए ज्ञानियों का कहना है कि ये संगीतमय स्वर आकाश में नाचते हुए ज्योति-पिंडों से आते हैं और यह गीत जो लोग तंबूर से पैदा करते हैं और गले से निकालते हैं आकाश की परिक्रमा का गीत है।]

इस आधार पर सूफ़ियों ने संगीत को उचित ठहराया है जब कि इस्लाम में संगीत हराम है। इसलिए मौलाना रूमी फ़रमाते हैं कि समाअ (संगीत) दरअस्ल 'सौते-बला' (ईश्वर के अस्तित्व की हामी भरना) सुनने का नाम है और इंसान बेख़ुद होकर विसाले-यार तक पहुँच जाता है। (मसनवी का अंग्रेज़ी अनुवाद, निकल्सन, खंड 8)

कबीर ने एक पद (39) में मानव-शरीर को तंबूरे का ठाठ कहा है जिससे हुज़ूरी का संगीत निकलता है।

90. इस पद की अंतिम पंक्ति का अर्थ कुछ अस्पष्ट है। हिंदी और उर्दू के अनुवाद दो अलग-अलग समय पर किए गए थे इसलिए उनमें बहुत बड़ा अंतर आ गया है। और वह ग़लती से इसी तरह छप गए। उर्दू का अनुवाद टैगोर के किए हुए अंग्रेज़ी अनुवाद के अधिक निकट है।

91. भारत की आधुनिक भाषाओं जैसे हिंदी, उर्दू, मराठी, बंगला, पंजाबी आदि के विकास में सूफ़ियों और संतों का बहुत बड़ा हिस्सा है। उन्होंने संस्कृत और फ़ारसी को छोड़कर जो मौलवियों, शासकों और पंडितों की भाषाएँ थीं और जनसाधारण की पहुँच से बहुत दूर थीं, जनसाधारण की बोलियों में लिखना शुरू किया। हिंदी में कबीर, मलिक मुहम्मद जायसी, तुलसीदास, सूरदास, मीराबाई इसकी सबसे शानदार मिसालें हैं।

इस पद में कबीर ने संस्कृत को घमंड और दंभ की भाषा ठहराया है। एक और जगह लिखा है कि संस्कृत तो कुएँ का पानी है और भाषा बहती हुई नदी है ("संस्कृत है कूप-जल, भाषा बहता नीर")। पंडित सुंदरलाल ने अपनी किताब 'कबीर और इंसानियत' में लिखा है कि "काशी के पंडितों में उन दिनों संस्कृत का ज़ोर था।" ज़ाहिर है कि कबीर ऐसी भाषा का प्रयोग करना चाहते थे जो आसानी से लोगों के दिलों में घर कर सके।

93. ग़ालिब की कल्पना हुस्न और इश्क़ के पूर्ण मिलन के लिए तरसती रही :

मैं नामुराद दिल की तसल्ली को क्या करूँ
माना कि तेरे रुख़ से निगह कामयाब है
वा कर दिये हैं शौक़ ने बंदे-नक़ाबे-हुस्न
ग़ैर अज़ निगाह अब कोई हायल नहीं रहा

[अर्थात् मेरी उत्कंठा ने रूप की नक़ाब के बंद खोल दिए हैं। अब निगाह के अलावा कोई बाधा नहीं रही।]

लेकिन कबीर ने निगाहों की इस दूरी को ख़त्म कर दिया है और उनके यहाँ मिलन ही मिलन है। एक दोहे में इस विचार ने यह रूप धारण किया है :

नैना अंतर आव तूँ, ज्यों हूँ नैन झँपेऊँ
ना हूँ देखौं और कूँ, ना तुझ देखन देऊँ

एक और दोहा :

नैनों की कर कोठरी, पुतरी पलंग बिछाय
पलकन की चिक डार के पिया को लिया रिझाय

96. ग़ालिब ने कहा है :

किसी को दे के दिल कोई नवासंजे-फ़ुग़ाँ क्यों हो
न हो जब दिल ही सीने में तो फिर मुँह में ज़ुबाँ क्यों हो

[नवासंजे फ़ुग़ाँ होना = रोना, फ़रियाद करना]

99. अंतिम दो पंक्तियों में पुनर्जन्म की ओर संकेत है। उमर ख़ैयाम की एक रुबाई में मौत सगुण को छोड़कर निर्गुण बन जाने का नाम है, जिसे उसने 'ऐने-हयात' अर्थात् शुद्ध जीवन कहा है :

मा ज़ाते-निहादः दर सिफ़ातेम हमः
ऐने-ख़िरद-ओ-सुरख़्रए-ए-ज़ातेम हमः
ता दर सिफ़तेम दर ममातेम हमः
चूँ रफ़्त सिफ़त, ऐने-हयातेम हमः

[भावार्थ : मैं वह निर्गुण हूँ जो सगुण में घिरा हुआ है। मैं संपूर्ण हूँ लेकिन चूँकि सगुण में लिपटा हुआ हूँ इसलिए निर्गुण के सामने मसख़रा मालूम होता हूँ। जब तक सगुण में घिरा हूँ तब तक मृत्यु में जकड़ा हुआ हूँ। जब सगुण

नष्ट हो जाएगा तो मैं संपूर्ण जीवन बन जाऊँगा।]

101. **सुमेर** = सोने का एक कल्पित पहाड़; पहाड़ों का सिरमौर।

102. अपने-आप को धर्मग्रंथों से मुक्त कर लेने का भाव भक्ति के दूसरे संप्रदायों में भी मिलेगा, जैसे के.एम. सेन ने अपनी अंग्रेज़ी किताब 'हिंदूइज़्म' में बंगाल के बाउल संप्रदाय के एक भक्त की एक घटना लिखी है :

"जब मैंने एक बाउल से पूछा कि वे लोग धर्मग्रंथों को क्यों नहीं मानते, तो उसने कुछ क्रुद्ध होकर जवाब दिया कि क्या हम कुत्ते हैं जो दूसरों का जूठा चाटते फिरें। वीर केवल अपने सृजन और कृतित्व पर गर्व करते हैं। जो अपने बाप-दादा के कारनामों पर गर्व करते रहते हैं वे कायर और अशक्त हैं। उनमें स्वयं कोई क्षमता बाक़ी नहीं रह गई।"

कबीर ने भी एक दोहे में कहा है :

साखी लाये जतन करि, इत-उत अच्छर काट
कह कबीर कब लग जिये जूठी पत्तल चाट

सहज = जो साथ पैदा हुआ हो, स्वाभाविक, अनायास, निःसंकोच।
शून्य = सन्नाटा, निर्गुण, परमात्मा।
खलास = समाप्त, ख़लास।
मेरा = ऐ अमीर, ऐ पंच।

103. हाफ़िज शीराज़ी ने भी संसार (माया) को एक ऐसी स्त्री से उपमा दी है जिसके हज़ारों पति हैं—"कि ईं अजवज़ उरूसे हज़ार दामाद अस्त।"

कबीर के पद की अंतिम पंक्ति इस दृष्टि से महत्त्वपूर्ण है कि इसमें माया को अनश्वर कहा गया है। इस विचार का क्रम रामानुज के विशिष्टाद्वैत से जा मिलता है (देखिए भूमिका, कबीर की माया के बारे में धारणा पर टिप्पणी)।

105. अहीरा = अहेड़ = आखेट = शिकार।

नियरा = निकट।
मौनी = चुप रहने वाले साधु।
बीर = शैव भक्तों का एक संप्रदाय।
दिगंबर = जैन साधु जो नंगे रहते हैं और दिशाओं (दिक्) को अपना वस्त्र मानते हैं।

सिंगी = श्रृंगी, एक ऋषि जो जंगल में तपस्या करते थे और एक स्त्री पर आसक्त हो गए थे।

ब्रह्मा का सिर फोड़ना = मस्तिष्क ब्रह्मा का स्थान है इसलिए इसका अर्थ

है बुद्धि का हनन।

मछंदर नाथ = सिद्ध योगी थे जो लंका की स्त्रियों पर आसक्त हो गए थे।

साकट = शाक्त = शक्ति को मानने वाला। दंभ और बल से काम लेने वाला।

106. इस पद का अर्थ स्पष्ट नहीं है। बाँगड़ देश और मालवे का क्या महत्त्व है, पता नहीं चलता। बाँगड़ उस प्रदेश का पुराना नाम है जिसे हरियाणा कहते हैं। मालवा प्रदेश मध्य भारत में है जहाँ की रातें बड़ी सुहानी होती हैं। इस प्रदेश को कबीर ने 'गहिर गंभीर' कहा है अर्थात् विस्तृत, असीम, अथाह। इस दृष्टि से बाँगड़ देश का अर्थ होगा ऊँचे-ऊँचे शुष्क पठारों का प्रदेश। कबीर चूँकि गृहस्थ थे और कपड़ा बुनकर अपनी रोज़ी कमाते थे इसलिए यह विचार उत्पन्न होता है कि बाँगड़ देश से उनका अभिप्राय संसार को त्याग देना और 'गहिर गंभीर' मालवा प्रदेश से अभिप्राय संसार को भोगना है। पद 8 के अंत में कबीर ने दुनिया को एतबारी कहा है :

यह तवह्हुम का कारख़ाना है
याँ वही है जो एतबार किया

—मीर तक़ी 'मीर'

[तवह्हुम=भ्रम, वहम]

107. सुब्हदम तायराने-ख़ुश अलहान
पढ़ते हैं कुल्लो-मन अलैहा फ़ान
जाए-इबरत सराय फ़ानी है
मूरिदे - मर्गे - नागहानी है

—शौक़

[भावार्थ : प्रातःकाल सुरीले पक्षी क़ुरान की यह आयत पढ़ते हैं कि मौत सबके लिए है। यह आनी-जानी दुनिया इबरत की जगह और अचानक मौत लाने वाली है।]

109. तिरगुन फाँस = त्रिगुण का फंदा। प्राचीन हिंदू विचारधारा के अनुसार पदार्थ अथवा प्रकृति के तीन गुण हैं : 1. तमस अर्थात् जड़ता, निश्चलता, शांति; 2. रजस अर्थात् गति, क्रियाशीलता; 3. सत्व अर्थात् तनाव या सामंजस्य और संतुलन। ये तीनों गुण मिलकर किसी पदार्थ का वास्तविक रूप बन जाते हैं। बटी हुई रस्सी की तरह ये तीनों गुण एक-दूसरे में गुँथे हुए हैं। पहले गुण

की प्रधानता मनुष्य को शिथिल, आलसी और कुत्सावान बना देती है। दूसरे गुण की प्रधानता अहंकार और वीरता उत्पन्न करती है और तीसरे गुण की प्रधानता संतुलित स्वभाव और समझदारी को जन्म देती है। क्रमशः इनका रंग काला, लाल और सफ़ेद है।

केसो = केशव = सुंदर बालों वाला, विष्णु का एक और नाम (वैसे यह नाम कृष्णजी के लिए भी इस्तेमाल होता है क्योंकि वह विष्णु का अवतार हैं।)

भवानी = शिव की पत्नी पार्वती या दुर्गा का एक और नाम। भवानी ठगों की रखवाली करती हैं और चेचक की भी देवी मानी जाती हैं।

कमला = लक्ष्मी का एक नाम, सर्वगुणसंपन्न स्त्री।

ब्रह्मानी = ब्रह्मा की स्त्री; कबीर की अपनी कल्पना मालूम होती है।

111. मालूम नहीं छप्पन करोड़ और अट्ठासी हज़ार की संख्याओं का क्या महत्त्व है, लेकिन संकेत यदुवंशियों के डूबने की ओर है। एक चंद्रवंशी राजा ययाति का बेटा यदु था। उसके वंशज यादव कहलाए, जिस वंश में कृष्ण ने जन्म लिया। कृष्णजी के जन्म के समय वे लोग ग्वाले थे लेकिन बाद में द्वारका (गुजरात) में उनका राज्य स्थापित हो गया। कृष्णजी के बाद जब द्वारका नगर समुद्र की तूफ़ानी लहरों में डूब गया तो ये लोग भी डूब गए। विष्णु पुराण में इनकी संख्या लाखों और करोड़ों बताई गई है।

इस पद में जिस विचार को व्यक्त किया गया है उसकी पुष्टि में दो घटनाएँ भी वर्णित की जा सकती हैं :

कबीर की बेटी कमाली के बारे में मशहूर है कि वह एक दिन कुएँ पर पानी भर रही थी। एक प्यासे ब्राह्मण ने उससे पानी माँगा। पानी पीकर जब उसे यह मालूम हुआ कि कमाली जुलाहे की बेटी है तो वह बहुत क्रुद्ध हुआ और कहने लगा कि तूने मुझे बेधर्म कर दिया। दोनों कबीर के पास आए। कबीर ने ब्राह्मण देवता को बताया कि आख़िर समझो तो पवित्र और अपवित्र क्या चीज़ हैं। सैकड़ों लाशें और मनों पत्तियाँ पानी में सड़ा करती हैं। करोड़ों आदमी ज़मीन में दफ़न हैं और उसी मिट्टी से वे बरतन बनाए जाते हैं जिनमें तुम पानी पीते और खाना खाते हो। खाना खाते समय तुम कपड़े उतार डालते हो; सिर्फ़ एक धोती बाँधे रहते हो, मगर वह धोती जुलाहे की बुनी हुई होती है। मक्खियाँ गंदगी और लाशों पर बैठती हैं और वहाँ से उड़कर तुम्हारे खाने पर बैठती हैं। क्या तुम उनको रोक सकते हो?

इसी तरह की एक और घटना का 'दबिस्ताने मज़ाहिब' में उल्लेख है :

"कहते हैं कि कुछ ब्राह्मण गंगा किनारे बैठे हुए गंगाजल का गुणगान कर

रहे थे कि उससे सारे पाप धुल जाते हैं। उनमें से एक ने पानी माँगा। कबीर उनकी बातें सुन रहे थे। उठकर गए और अपना प्याला पानी से भरकर ब्राह्मण के पास ले आए। चूँकि कबीर जुलाहे थे और ब्राह्मण उनके हाथ का छुआ हुआ खाते-पीते नहीं हैं, उस ब्राह्मण ने पानी नहीं पिया। कबीर ने कहा कि आप अभी फ़रमाते थे कि गंगाजल से तन और मन का सारा मैल धुल जाता है। अगर यह पानी मेरे बरतन को भी पवित्र नहीं कर सकता तो इस प्रशंसा के योग्य नहीं।" (कबीर साहब, लेखक पं. मनोहरलाल ज़ुत्शी, प्रकाशक हिंदुस्तानी एकेडेमी, इलाहाबाद, 1930)।

113. **नौ निध काया** = नौ निधियों से संपन्न शरीर। धन के देवता कुबेर की नौ निधियाँ (ख़ज़ाने) हैं और हर निधि की रक्षक एक आत्मा है जिनकी उपासना तांत्रिक संप्रदाय में की जाती है। उन सबके अलग-अलग नाम हैं।

इति = सीमांत, अनंत।

उहारना = परदा हटाना।

व्यंद = बिंदु। ग़ालिब ने कहा है—

सुख़न यकेस्त वले दर नज़र ज़ि सुरअते-सैर
कुनद चो शोलए-जव्वालः नुक़्ता परकारी

[**भावार्थ :** बात एक ही है लेकिन अपनी तेज़ रफ़्तार की वजह से एक बिंदु जो परमात्मा हैं, नाचते हुए शोले की तरह निगाहों पर ज़ाहिर होता है।]

ग़ालिब की यह उपमा बौद्धिक और वैचारिक है। कबीर की उपमा ऐंद्रिक और पार्थिव है।

गोव्यंद = गोविंद, कृष्ण का नाम। कृष्ण विष्णु का अवतार हैं इसलिए भगवान अर्थात् सृष्टि के रचयिता हैं।

ग्यारहवीं और बारहवीं पंक्तियों में जो चित्र कबीर ने प्रस्तुत किया है वह बड़ा ही सुंदर और विचित्र है। साँस हवा का खंभा है जिसके चारों ओर शरीर मिट्टी की बनी हुई तस्वीर है।

पवन बाति = हवा की बत्ती। यहाँ साँस दीपक की लौ है।

116. **अंगिया** शरीर है और **दुल्हन** आत्मा।

चित अंजन = चित्त का काजल। अभिप्राय है मन की आँख में ज्ञान का काजल।

117. **छाप** = छापा = एक प्रकार का तिलक। हिंदुओं में अलग-अलग संप्रदाय अलग-अलग तरह के तिलक लगाते हैं।

118. रोजा = रोज़ा।

निवाज = नमाज़।

बिहिस्त = स्वर्ग।

माल मतीन = धन-दौलत।

दोजग = दोज़ख = नरक।

सत्तर काबे एक दिल भीतर : इस कल्पना से उर्दू और फ़ारसी की शायरी भरी पड़ी है—

बुतख़ाना तोड़ डालिए, मस्जिद को ढाइए
दिल को न तोड़िए, यह ख़ुदा का मुकाम है
तोड़कर बुतख़ाने को मस्जीद बिना की तूने शेख़
बरहमन के दिल की भी कुछ फ़िक्र है तामीर को

—सौदा

टुक देख सनमख़ानए - इश्क़ आन के ए शेख़
जूँ शमए - हरम रंग है झमकता बुताँ का

—सौदा

मय ख़ुश-ओ-मुस्हफ़ बिसोज़-ओ-आतिश अंदर काबः ज़न
साकिने बुतख़ानः बाश-ओ-मर्दुमआज़ारी मकुन

[**भावार्थ :** शराब पियो, क़ुरान को जला दो, काबे को आग लगा दो और बुतख़ाने में जाकर बैठ जाओ लेकिन किसी का दिल न दुखाओ अर्थात् किसी का दिल दुखाना इन सबसे बड़ा पाप है।]

अंतिम दो पंक्तियाँ—माटी एक................समाना

हक़ीक़त एक है हर शै की, ख़ाकी हो कि नूरी हो
लहू खुरशीद का टपके अगर ज़र्रे का दिल चीरें

—इक़बाल

कहैं कबीर................मनमाना

हमको मालूम है जन्नत की हक़ीक़त लेकिन
दिल के ख़ुश रखने को ग़ालिब यह ख़्याल अच्छा है

120. जुग मिलन : चौसर के खेल में जब एक ख़ाने में दो गोटें जमा हो जाती हैं तो वे पिट नहीं सकतीं। इसको जुग मिलना कहते हैं। सौदा का शेर है—

अम्न दो दिल को हो यकसाँ ब-बिसाते-दौराँ

चोट खाती नहीं वह नर्द जो हो नर्द के साथ
(बिसाते दौराँ = ज़माने की बिसात; नर्द = गोट)

चार बरन : चार रंग; चोसर के खेल में गोटों के चार रंग और हिंदू धर्म के चार वर्ण—यहाँ दोनों अर्थ हैं।

चौरासी : चौसर के खेल में गोट को चौरासी घर चलने पड़ते हैं तब कहीं जाकर उसकी परिक्रया पूरी होती है। हिंदू धर्म के अनुसार निर्वाण से पहले मनुष्य को चौरासी लाख जन्म लेने लड़ते हैं।

पौ : जब गोट आख़िरी घर में पहुँच जाती है तो जीतने के लिए पौ ज़रूरी है। यहाँ पौ से अभिप्राय मृत्यु और निर्वाण है। जो गोट चौरासी घर चलने और पौ पड़ने के बाद अंदर पहुँच गई वह फिर बाहर नहीं निकलती गोया निर्वाण हो गया।

121. सुरत = प्रेम, लेकिन यहाँ शायद यह 'सूरत' का बिगड़ा हुआ रूप है।

●●●